KB154949

가족과 국가는 공모한다

KAZOKU TO KOKKA HA KYOBO SURU SURVIVAL KARA RESISTANCE HE

© Sayoko Nobuta 2021
First published in Japan in 2021 by KADOKAWA CORPORATION, Tokyo.
Korean translation rights arranged with KADOKAWA CORPORATION, Tokyo through Shinwon
Agency Co., Seoul.

트랜스 소시올로지 30
가족과 국가는 공모한다 생존에서 저항으로

초판1쇄 펴냄 2022년 7월 28일

지은이 노부타 사요코
옮긴이 조지혜
펴낸이 유재건
펴낸곳 그린비
주소 서울시 마포구 와우산로 180, 4층
대표전화 02-702-2717 | **팩스** 02-703-0272
홈페이지 www.greenbee.co.kr
원고투고 및 문의 editor@greenbee.co.kr

주간 임유진 | **편집** 홍민기, 신효섭, 구세주, 송예진 | **디자인** 권희원, 이은솔
마케팅 유하나, 육소연 | **물류유통** 유재영 | **경영관리** 유수진

이 책의 한국어판 저작권은 신원에이전시를 통해 저작권자와 독점 계약한 (주)그린비출판사에 있습니다.
저작권법에 의하여 한국 내에서 보호를 받는 저작물이므로 무단전재와 무단복제를 금합니다.
책값은 뒤표지에 있습니다. 잘못 만들어진 책은 구입처에서 바꿔 드립니다.
ISBN 978-89-7682-684-8 03330

가족과
국가는
공모한다

생존에서 저항으로

노부타 사요코 지음 | 조지혜 옮김

그린비

일러두기

1 이 책은 信田さよ子, 『家族と国家は共謀する —— サバイバルからレジスタンスへ』, KADOKAWA, 2021을 완역한 것이다.

2 주석은 모두 옮긴이의 것이며 각주로 표시했다.

3 단행본·정기간행물의 제목에는 겹낫표(『』)를, 논문·영화·TV 프로그램 등의 제목에는 낫표(「」)를 사용했다.

4 외국어 고유명사는 2002년에 국립국어원에서 펴낸 외래어표기법을 따라 표기하되, 관례가 굳어서 쓰이는 것들은 그것을 따랐다.

머리말 어머니는 끊임없이 증식한다

뜻밖의 죽음

제일 먼저 학대 문제에서 시작하고 싶다.

세상에는 당연하게도 전혀 알 수 없는 세계가 있다. 그런데 누구보다 가까워야 할 가족 내부에서 '그것'이 일어난다는 사실은 제대로 알려져 있지 않다. 밖에서는 보이지 않지만, 원더랜드가 아니라 디스토피아에 가까운 다른 세계가 가족 안에서 펼쳐지고 있다.

잔혹한 아동학대 뉴스가 보도되면 '어떻게 이런 일이 있나' 하고 생각하면서도 어느샌가 홍수같이 쏟아지는 뉴스에 익숙해지는 경우가 많다. 실제 학대 건수는 더 많고, 아이가 부모에게 죽임을 당하는 학대는 어쩌면 전체의 1%에도 미치지 않을 것이다. 하필이면 아이가 맞은 머리 부분이 치명적이었다거나, 경제 상태가 악화되어 짜증이 난 아버지가 한밤중에 아이에게 화풀

이를 했다는 식으로 사소한 우연이 겹치면서 학대사虐待死는 일어난다.

그중에도 누락되는 '죽음'이 있다. 예컨대 출생 신고도 되지 않은 아이가 부모에게 죽었을 경우, 그 죽음은 존재하지 않는 일이 된다. 생활 보호를 받고 있는 여성의 집 벽장에서 백골이 된 갓난아이의 시신 여러 구가 발견된 사건이 일어났다. 만약 부모에게 경제력이 있으면 복지기관 같은 외부의 개입은 더 기대하기 어렵다. 일본에는 이렇게 사망조차 인지되지 못한 채로 세상에서 사라진 아이들이 많다.

더 무서운 일은 그런 가족에서 태어난 아이들이 갖는 가족관이다. 가족은 세계의 출발점인데, 가족과 함께하는 모든 일상에서는 매일 어떻게 하면 아버지의 침해를 피할 수 있을까 이리저리 고민하고 자신의 존재를 지우고 싶다는 멍한 감각에만 빠져 지낸다. 가족과 이보다 나은 관계를 맺을 가능성은 없다.

세계의 출발점, 이 세상에 태어난 기본 바탕이 이렇게 형성되는 것이다.

은폐되고 망각되는 학대

때마침 우연이 겹쳐서 살해당할 위험을 피하거나 경제적 빈곤으로 굶어 죽지 않고 성장하는 아이들이 더 많은 것은 사실이다.

하지만 상담을 하며 만난 많은 여성(과 남성) 중에는 이러한 과정을 거치며 살아온 사람이 적지 않았다. 일본에서 정신과의료는 건강보험제도에 포함되기에 대부분의 병원에서 1000엔대로 진료를 받을 수 있지만, 상담은 그렇지 않다. 거의 10배인 1만 엔대의 지출을 각오해야 한다. 필연적으로 내담하는 사람들은 나름대로 경제력을 갖추었거나 부모의 도움을 받을 수 있는 사람으로 한정된다.

사실상 빈곤 가정에서 학대가 많이 일어나지만, 상담으로 만나는 사람들의 가족에서도 학대는 일어난다. 아이러니하게도 그런 경제력과 사회적 지위 덕에, 많은 경우는 은폐되고 망각되고 없었던 일이 된다.

고위 관료였던 아버지의 극심한 학대로 몇 번이나 외과치료를 받았던 이십 대 여성. 오빠에게 몇 년이나 지속적으로 성학대를 당했는데도 부모는 본체만체했다는 사십 대 여성. 술을 마시면 꼭 칼을 휘두르는 아버지를 감시하려고 늘 거실 옆방에서 입시 공부를 했으며, 여차하면 뛰어나가려고 호신용 금속 배트를 상비하고 있었다는 삼십 대 남성.

어른이 되어 원가족과 얼마간 멀어지고 나면 여러모로 컨디션이 악화되거나 자살할 우려 등이 나타난다. 그들은 이유도 모르는 채 '도움을 구하려고' 상담센터를 방문했다가 처음으로 이런 기억들을 털어놓는다.

'아이의 탄생'은 '학대의 탄생'이 초래했다

이는 지금에야 시작된 일이 아니다.

나의 상담 이력은 이제 40년을 넘어섰는데, 20~30년 전에 만났던 내담자client들은 부모가 전쟁을 체험했거나 전후 혼란기를 빠져나온 경험이 있는 세대였다. 이들도 무시무시한 학대를 경험했지만, 최근 사례와 차이가 있다면 외부에 대한 폐쇄성이 그리 강하지 않았다는 점이다. 숲에서 꺾어 온 대나무로 등을 수차례 때리고 감나무에 매달아 담뱃불에 지지는 학대도 훈육이라는 말로 정당화되었다. 설령 많은 사람들이 보는 앞이더라도 그다지 신경 쓰지 않았다.

무엇보다도 당시에는 '아동학대'라는 단어가 없었다. 단어가 존재하지 않았기에 부모의 행위는 모두 긍정적인 의미를 띠었고, 죽더라도 아이의 수명이 짧고 생명력이 결핍되어서라는 말로 끝날 뿐이었다. 또한 부모에게 귀여움의 대상인 아이, 자산으로서의 아이는 존재하지만, 부모의 행위에 이의를 제기하는 아이는 존재해서는 안 되었다.

역사학자 필리프 아리에스의 『아동의 탄생』은 유럽에서 18세기까지 아동이라는 개념이 존재하지 않았다는 점, 즉 아이는 작고 불완전한 인간으로밖에 인식되지 않았다는 사실을 지적한다.

일본에서도 원래 아이를 아끼는 관습은 있었지만, 메이지 시대 이후 가부장제가 침투하면서 효도를 중심에 두는 부모자식

관이 지배하게 되었다. 그것이 지금에 이르러 부모와 자식 간의 사랑을 미화하는 데까지 이어지지 않았을까. 부모는 자식을 사랑하는 존재이며 아이들은 부모의 사랑에 부응해야 한다는 무오류의 이데올로기에 따라, 부모의 학대는 존재하지 않는 것이 되어 왔다.

포스트포디즘은 어머니의 지배를 명확히 드러낸다

그런데 명확한 학대만이 아이를 좀먹을까.

지금까지 나는 『애정이라는 이름의 지배』, 『공의존』 등의 저서에서 가족, 그중에서도 어머니의 교묘한 지배가 얼마나 자식들을 얽매어 깊은 갈등을 낳고, 자신과 어머니의 인생을 분리하지 못하는 사태를 초래하는지 그려 냈다. 그중에서도 『엄마가 부담스러워 견딜 수 없다』는 많은 여성들의 공감을 불러, 모녀 문제에서 주도적인 역할을 해낼 수 있었다.

어머니의 지배는 학대라는 단어에서 떠오르는 객관적인 행위(때리고 차고 목을 조르는 등)가 별로 없고 상처나 화상 흉터도 남지 않아서 피해를 실증하기가 어렵다. 무엇보다도 어머니들의 행위를 하나하나 짚어 보면 그저 아이에게 열정을 쏟는 좋은 어머니로만 보인다.

대체 무엇이 나를 괴롭히는 걸까? 어머니를 비난하는 내가 이상한 게 아닐까? 어머니의 애정을 믿지 못하는 나는 비뚤어진 사람인가? 이런 생각을 하는 것조차 괴로워지고, 사고의 악순환이 작동하기 시작한다. 무간지옥 같은 어머니와의 관계 때문에 고통스러워하는 여성들이 대체 얼마나 있는 걸까. 2008년에『엄마가 부담스러워 견딜 수 없다』가 출판되기 전까지는 일본에서 별로 주목받지도 못하던 문제였다.

이 책에서는 어머니의 지배에 대해서도 이야기할 생각이다. 사실, 그러한 어머니의 행위를 더 잘 이해하는 데 도움을 주는 관점은 포스트포디즘post-Fordism이다.

상담가counselor라는 사람이 이런 단어를 쓰다니 의외라고 생각할지도 모르겠다. 하지만 가족만큼 힘의 관계가 소용돌이치고 지배를 둘러싼 암투가 펼쳐지는 세계는 없다. 그런 상황에서 어떻게 하면 가족을 무너뜨리지 않고 해결할지, 사건 발생을 막고 자살자를 내지 않을지 고민하는 것이 상담의 역할이라 해도 과언이 아니다.

외부와 상대적으로 독립되어 있는 '마음'의 문제란 없다. 임상심리학 관련 분야에서 참고가 된 책은 별로 없고, 문제를 쉽게 이해하는 데 훨씬 도움이 된 쪽은 국제 정치에 빗댄 책들이었다. 그리고 노무관리 방법론을 공부하며 포스트포디즘만큼 어머니의 지배를 명확히 나타내는 것은 없다는 생각에 이르렀다. 특히 소아과의사 구마가야 신이치로熊谷晋一郎 씨와 철학자 고쿠분 고이치로國分功一郎 씨의 대담에서 큰 시사점을 얻었다(『책임의 생성』「責任」の生成, 2020).

포디즘이란 자동차회사 포드사로 대표되는, 컨베이어벨트 생산양식을 지탱하는 노무관리 방법론이다. 쓸데없는 것을 배제하고 철저하게 비용을 낮추어 저렴한 가격으로 품질이 보증된 자동차를 생산하는 것만이 자본주의사회의 경쟁에서 살아남는 근본 방안이라는 이론이다.

하지만 20세기 후반에 들어, 싼 차만 계속 만들어 내서는 경쟁에서 살아남기 어려워졌다. 소비자는 끊임없이 새로운 모델을 원하고 새로운 물건에 끌린다. 불안정하고 앞을 가늠하기 어려운 시대에 들어서자 생산체제도 불안정 요인을 끌어안게 되었고, 이른바 장기적 안정을 내다보던 노동 환경은 붕괴되었다. 일본에서도 비정규직 고용이 급격히 늘어났고 액상화液狀化[1]하는 사회에 적응하라는 요구를 받게 되었다.

'견고하고 변함없음'에서 '어지러울 정도로 빠르게 배치나 거리를 조절'하는 관계성이 주류가 되었다. 그리고 노동자에게는 여기에 적응할 순발력과 유연성을 갖추라고 요구한다. 자본주의사회의 많은 장에서 이러한 인간상을 기대하며 크게 일어난 전환이 바로 포스트포디즘이다.

---

1 지하수와 모래로 이루어진 지반에 지진과 같은 강한 충격이 가해졌을 때 순간적으로 강도가 크게 낮아지면서 모래가 액체처럼 움직이는 현상을 말한다. 액상화 현상이 지반침하를 일으켜 건물 등이 무너지게 되는데, 이에 비유하여 어떤 상황이나 생각이 근본적으로 크게 흔들리는 상황을 가리킨다.

쇼와 시대의 남자다움은 발달장애의 특징인가?

또 하나 중요한 점은 순발력과 유연성이 자유를 낳는다는 인식이다. 포스트포디즘은 장기적 전망이나 견고한 규율에서 해방된 자유라는 긍정적 가치와 함께 퍼져 나갔다. 당연히 자유에는 반드시 책임이 따른다. 이전까지 관리의 책임이 회사에 있었던 것도 개인의 자유에 따른 자기책임으로 전가되었다.

주의 깊게 보면 이러한 현상이 일본의 주류였던 '남자다움'의 가치를 끌어내렸음을 알 수 있다. 예전에는 과묵하고 자신의 신념을 굽히지 않는, 완고하다고 할 만큼 고집 센 남성상에 점수를 얹어 주었지만, 이제 그런 태도는 '발달장애'라고 받아들인다. 당사자 연구를 해온 아야야 사쓰키綾屋紗月는 발달장애의 임상 이미지와 젠더 문제를 연관시켰는데, 쇼와 시대의 남자다움은 그대로 발달장애의 특징과 겹쳐졌다.

상대의 기분에 공감할 줄 모르고 상황 파악도 못한 채 자신의 세계에 갇혀 있는 태도는 바로 가족 속 아버지의 모습이 아닌가.

하라주쿠카운슬링센터에서는 아버지들의 집단상담을 오랫동안 실시해 왔는데, 여기에 참가하는 남성 대부분은 오십 대에서 육십 대로 정년을 앞두었거나 막 지난 연령대이다. 대부분이 아들이나 딸의 히키코모리 문제로 상담에 참석하는데, 놀랍게도 그룹에서 자신의 감정을 거의 표현하지 못한다. 마치 노래를 잊어버린 카나리아 같다고 생각한 적도 있었다. 한 달 사이에 일어난 아들(혹은 딸)의 상태를 업무 보고나 곤충관찰일지처럼 발표하는데, 그 단면만 본다면 발달장애라는 평가를 받더라도 어쩔 수 없을 정도다.

발달장애 남편과 관계에 어려움을 겪는 아내들의 자조모임도 탄생했다. 이 여성들이 괴로워하는 점이 바로 그렇게 감정을 어디서 잊어버린 것만 같은 남편의 언행이었다.

그룹에 참가하는 사람들은 거품경제 붕괴 이전인 70~80년대에 기업에서 활약했던 세대이다. 포디즘의 마지막 시대를 살며 기업사회에 적응했던 이들의 모습이 21세기 현재에 와서는 발달장애라는 평가를 받게 되었다고 하겠다.

부드러운 자기책임 추구에 매몰된 사회

포스트포디즘은 순발력이 좋고 즉흥적 판단이 가능하며 상황과 분위기를 파악해 거리를 자유자재로 조절하는 능력을 요구한다. 이는 바로 가족에서 오랫동안 어머니가 수행해 온 역할과 태도이다. 가족관계를 이어 붙이고, 아이의 성장과 교육에 대한 책임을 도맡으며, 주변 인간관계나 학교의 보호자 모임에도 적응하려고 애쓴다. 덕분에 어머니들은 의도치 않게 인간관계의 기술을 갈고 닦았다.

오랜 시간에 걸쳐 어머니와의 관계에서 괴로움을 겪었던 딸·아들의 이야기를 듣다 보면, 어머니의 지배는 마치 포스트포디즘의 견본 같다.

"됐지? 엄마는 널 위해서 그러는 거야. 네 미래는 무한하니까 능력을 키워 주려고 열심히 도와주는 거야.”

“이제 와서 그런 말을 하다니, 스스로 택한 거 아니었니? 그 학원이 좋다고 말한 건 너잖아?”

이렇듯 선택과 자기책임이라는 말로 귀결되는 사건들이 매일같이 애정이라는 단어로 포장되어, ‘너를 위해서’라는 구속을 강화한다. 달콤한 말에 목이 조여들 듯 이유도 모르는 채 숨이 막히지만, “엄마가 부담스럽다”라는 말 외에는 표현할 방법이 없다.

많은 기업이나 지방자치단체의 안내 창구에서는 부드러운 말투로 가능한 선택지를 제시하고, 선택하는 사람은 당신이며 책임은 당신에게 있다는 논리로 일관한다. 가족 안에서 어머니가 지배하고 관리하는 모습과 사회 전체에 만연한 부드러운 자기 책임 추구의 양상은 어딘지 비슷하지 않은가.

어머니와 딸의 문제는 가족 내 여성만의 문제로 한정 지어서는 안 된다. 오히려 20세기 말부터 자본주의사회의 많은 이들이 직면하고 있는 사회의 액상화와 포스트포디즘의 문제가 어머니의 지배로 상징되는 것이며, 여성이라는 젠더의 탈을 쓰고서 계속 표면화되고 있다고 보아야 할 것이다.

차례

머리말 어머니는 끊임없이 증식한다 · 5

1부 가족이라는 정치

1장	어머니와 아들 그리고 내셔널리즘	19
2장	가족은 재생하는가 — 가해·피해의 종말	33
3장	DV 지원과 학대 지원 사이	66
4장	'DV를 목격한 자녀'가 낳은 것	81
5장	'DV'라는 정치 문제	92
6장	가족의 구조 개혁	105

2부 가족의 저항

1장	피해자의 불행 비교를 어떻게 막을까	125
2장	가해자와 피해자의 만남이 지니는 의미	147
3장	가해자에 대한 접근이야말로 피해자 지원이다	159
4장	회복탄력성에서 저항으로	178
5장	마음의 요새를 재구축한다	200

후기 지식은 연결을 낳는다 · 210
참고문헌 · 214

1부   가족이라는 정치

1장 어머니와 아들 그리고 내셔널리즘

"아들에게 어머니는 그런 존재가 아닙니다"

어머니와 딸이라는 주제를 남성은 어떻게 받아들일까.

가장 잘 보여 주는 것이 여성을 잘 모른다, 우리는 관계없다는 태도이다. 혹은 여자나 아이들의 문제로 뭉뚱그려 축소해 버리고는 진지하게 다룰 필요 없다는 태도를 보인다.

졸저『엄마가 부담스러워 견딜 수 없다』가 발간된 2008년 이후, 이 주제를 미디어에서 적극적으로 제기했던 이들은 여자들이었다. 자신의 문제로 받아들이는 당사자 의식이 작용했기 때문이다. 많은 취재 기자들이 나를 인터뷰하러 와서 넌지시, 때로는 확실하게 자신과 어머니의 관계에 대해 이야기했다.

여성들의 열기와는 대조적으로, 같은 세대나 위 세대의 남성들은 거리를 두고 차가운 대응을 보였다. 그런데 아이러니하게도 이러한 태도가 여성 특유의 문제로 받아들여져 주제가 확장되는 데에는 도움이 되었다. 젠더 간의 온도 차가 일종의 벽을 쌓다가, 지금에 이르러서는 고착되어 버리지 않았나 생각한다.

한편, 상담을 받으러 와서 "아들에게 어머니는 그런 존재가 아닙니다"라고 이야기하는 남성은 많았다. 1996년 어덜트 칠드런adult children[1] 붐이 일어난 후, 셀 수 없이 많은 남성들에게 어머니와 겪은 악전고투 이야기를 들어 온 것도 사실이다. 어느새 암묵적인 양해가 되어 버린 젠더의 벽을 이제 한 번쯤 무너뜨리기 위해서라도, 영화라는 필터를 통해 다시 새롭게 어머니와 아들의 관계를 생각해 보려고 한다.

오이디푸스 콤플렉스

지금까지 아이의 발달·성장 이론은 아들을 기준으로 형성되었다. 딸과 비교해 아들에 대해서는 너무나도 많은 논의가 있었다. 다시 한번 확인하자면 모녀라는 주제가 주목을 받았던 의미도 여기에 있었다.

아버지와 아들의 관계를 다룬 대표적인 이론은 오이디푸스 콤플렉스일 것이다. 정신분석이론을 배울 때 반드시 만나는 이 개념은 지크문트 프로이트가 제시하였다.

그리스 비극 『오이디푸스왕』은 고대 그리스 3대 비극 시인

---

1 부모에게 가정폭력을 당하며 성장해 PTSD를 겪는 어른을 가리킨다. 1995년 미국의 빌 클린턴 대통령이 폭력적인 알코올중독자 계부 밑에서 어머니와 형제를 보호해야 했던 어린 시절을 고백하며 이 용어를 사용해 널리 알려졌다.

중 한 사람인 소포클레스가 기원전 430~425년 즈음에 쓴 희곡이다. 프로이트는 여기서 힌트를 얻어, 남자아이는 최초의 이성인 어머니를 욕망하지만 어머니의 남편, 즉 아버지에게 이를 금지당함으로써 어머니와 단절된다고 보았다. 아들은 아버지처럼 강해지기를 바라면서(동일시하면서), 아버지를 어머니에 대한 근친상간적 욕망을 가로막는 증오의 대상으로 삼는다. 정신분석에서는 이것을 거세공포라고 부른다.

아버지를 살해하지 않고 그와 겪는 갈등을 극복하는 것, 그리고 어머니에 대한 욕망을 단념하는 것이 '자아' 형성 과정에 반드시 필요하며, 이는 모두 현실이 아닌 무의식의 세계에서 일어난다고 주장했다. 기독교적 부성 원리와도 통하는 이 개념은 프로이트 정신분석이론의 중심이자 심리적 발달이론의 근간을 이룬다. 여기서 여성은 아들의 모친으로서 그리고 어머니는 아버지라는 존재의 음화陰畵로서 기능할 뿐이었다. 또한 딸은 누구나 남자아이의 어머니가 될 존재일 뿐이었다.

아사세 콤플렉스의 특성

서구의 근대적 자아와 인격을 전제로 했던 이 이론과 대비해 주목해야 할 일본의 독자적 개념이 있다. 아들과 어머니의 관계를 바탕으로 하는 '아사세 콤플렉스'[2]이다. 정신과의사인 고자와 헤

---

2 아사세는 인도 불전에 나오는 설화 속 왕자의 이름이다. 옛 인도 빈바사라왕의 왕비

이사쿠古澤平作(1897~1968)가 처음 주장하고 오코노기 게이고小此
木啓吾(1930~2003)가 확장한 개념이다.

아사세 콤플렉스는 불교 경전에서 소재를 가져와, 모성 원리
에 기초한 감정적 갈등인 어리광이나 의존을 용서하는 이자二者
관계를 다룬다. 오이디푸스 콤플렉스를 극복하며 획득하는 초
자아(이상·양심·윤리관)의 뿌리에는 아버지에게 벌을 받으리라
는 거세불안에서 비롯된 죄책감이 존재한다. 하지만 아사세 콤
플렉스 체험에는 오이디푸스 콤플렉스처럼 벌이나 공포에 따른
죄책감은 존재하지 않는다.

아사세 콤플렉스에 나타나는 죄책감은 '자신이 나쁜 짓을 했
음(어머니에게 원한을 품고 죽이려고 했음)에도 상대에게 용서
받았다는 미안함이나 후회·사죄로서의 죄책감'이며, 그 세계는
'나쁜 행위를 한 가해자(아이)를 "벌함"이 아니라 "용서함"으로
써 아이에게 징벌적 죄책감을 자발적으로 안겨 주는 세계'이다.

무엇보다 아사세 콤플렉스는 어머니와 아이의 이자관계에 따
른 '어리광·증오·용서·사죄의 복합적인 감정'으로, 처음부터 아
버지와 같은 사회적 존재로서의 타자는 존재하지 않는다. 똑같

는 숲속의 선인이 3년 후에 죽어서 왕자로 환생할 거라는 예언을 듣는다. 간절히 아이
를 원했던 왕비는 기다리지 못하고 선인을 찾아가 죽이고, 선인은 태어날 아기가 아
버지를 죽이리라는 저주를 남긴다. 겁을 먹은 왕비는 아이를 죽이려 하지만 실패하고,
훗날 이를 알게 된 왕자는 부왕을 죽이고 어머니를 옥에 가둔다. 그 뒤 왕자가 심한 병
에 걸리자 왕비는 헌신적으로 돌보고 기도한다. 건강을 되찾은 왕자는 참회하여 석가
의 가르침에 따르는 삶을 살아간다.

은 죄책감이라 해도 아버지라는 초자아 때문에 내면화된 규범에서 비롯한 죄책감과, 용서받음으로써 생기는 '미안함'의 죄책감이 얼마나 다른지는 말할 것도 없다.

심리학자 니시 미나코西見奈子에 따르면, 아버지가 아닌 어머니와 아들의 관계를 중심에 둔 이 개념은 고자와에서 오코노기에 이르기까지 70년 가까이에 걸쳐 변용되어 왔다. 그 자체가 일본의 여성론 및 모성관의 변천을 나타내는 것이다.

마더 콤플렉스

어머니와 아들을 생각할 때 한 가지 더 중요한 단어가 있다. 마더 콤플렉스이다. 어머니와 관계가 좋다고 밝히는 남성의 모습을 일본 외에는 그리 부정적으로 받아들이지 않는다. 이탈리아에서는 오히려 어머니를 생각하는 마음의 표현으로 받아들이며, 한국에서도 사람들 앞에서 어머니를 소중하게 여기는 태도는 칭찬받을지언정 야유를 받지는 않는다.

그런데 일본에서는 1992년에 방영된 TV드라마 「줄곧 당신을 좋아했다」ずっとあなたが好きだった를 계기로, 등장인물의 이름 '후유히코 씨'를 대명사로 하는 마더 콤플렉스의 부정적인 이미지가 고착되었다. 이 드라마에는 아무리 시간이 지나도 자식의 독립을 재촉하지 않는 어머니와, 그런 어머니에게 의존하느라 자립하지 못하는 아들이라는 명쾌한 구조가 등장한다. 마더 콤플렉스라는 단어를 줄인 '마자콘'マザコン이라는 말은 형편없는 남자

의 대명사로 단숨에 퍼졌다. 마더 콤플렉스가 오이디푸스 콤플렉스와 같은 학문적 이론은 아니지만, 일본에서도 1970년대 초부터 이미 사용되었던 것으로 보인다.

융 심리학의 일인자인 가와이 하야오(1928~2007)는 서구의 경우에는 결혼을 하면서 어머니와 단절되지만, 일본에서는 그런 계기를 거치지 않고 결혼에 이르기 때문에 많은 남성이 어머니와 떨어지지 못한 채 가족을 형성한다고 말했다. 이처럼 오이디푸스 콤플렉스를 비꼬아 모자관계를 비판적으로 표현했던 단어가 마더 콤플렉스라고 볼 수 있다. 어머니를 거부하지 못하는 남성에 대한 여성의 비판과, 어머니를 끊어 내지 못하는 한심함에 대한 동성의 비판이라는 두 측면이 있다.

어머니를 묘사한 두 영화감독

루마니아 영화 「아들의 자리」는 2013년 제63회 베를린국제영화제에서 황금곰상을 수상한 작품이다. 감독은 당시 아직 삼십 대였던 칼린 페테르 네트제르로, 일본에서는 2014년에 개봉했다. 구사회주의 국가 특유의 뇌물 수수 실태도 알 수 있지만, 작품 전체에서는 고학력 무직인 삼십 대 아들과 어머니의 관계를 묘사하고 있다.

남편을 경멸하는 어머니는 아들이 아이 딸린 연상의 여성과 동거하는 일에 계속 간섭한다. 그런 어머니에게 저항하지 못하던 아들은, 자신이 일으킨 교통사고로 본의 아니게 어머니에게

도움을 받으면서 점점 무력감에 휩싸여 간다. 이따금씩 어머니가 아들에게 성적인 관심을 진하게 풍기는 장면도 있는데, 드라마틱하다기보다는 일상적인 장면으로 낱낱이 묘사된다. 그다지 흥행하지는 못했지만, 클라이맥스 장면에서 아들이 어머니에게 쥐어 짜내듯이 하는 말이 잊히지 않는다.

"이번에는 내가 전화할게. 전화할 테니 기다려 줘."

이 말을 듣고 눈을 휘둥그레 뜬 어머니의 표정을 크게 비추면서 그대로 화면은 암전된다.

마치 세뇌되듯 저항이나 반론을 봉쇄당해 온 아들이 처음으로 작심하고 어머니에게 겨우 내뱉은 말이 저 한마디였다.

루마니아는 동유럽에서도 가족주의가 강한 나라라고 하는데, 이 장면을 보고서 일본과 똑같다고 생각했다. 딸뿐만 아니라 얼마나 많은 아들들이 주인공과 마찬가지로 어머니에게 자석처럼 붙들려 '싫다'는 말도 못한 채 엉거주춤하게 살아가고 있을까. 일상성에 잠재한 비극을 이렇게까지 리얼하게 묘사한 영화가 또 있을까 싶다. 이 작품에 황금곰상을 수여한 베를린영화제 심사위원들의 혜안도 대단하다.

다른 한 사람은 일본에서도 많은 영화 팬들을 매료시킨 캐나다의 영민한 감독 그자비에 돌란이다. 그는 이십 대에 칸영화제 심사위원들에게 선택될 정도로, 만들어 내는 모든 작품이 화제를 불러일으키고 각국의 영화제에서 수상한 감독으로도 알려져 있다.

열아홉 살에 완성한 데뷔작 「아이 킬드 마이 마더」(2009)와 「마미」(2014)는 제목대로 아들과 어머니의 농밀한 관계를 그리고 있다. 절망적일 정도로 서로 이해하지 못하는 관계에 안절부절못하면서도 한편으로는 어머니에 대한 사랑에 마음이 움직인다. 여기에는 아버지의 부재가 전제되어 있고, 때로는 갈등이 폭력으로 표출된다.

그는 주연·감독·각본을 겸하는 것으로도 유명해서, 관객들은 마치 실제 어머니와의 관계를 화면으로 보는 듯한 착각에 빠지기도 한다. 어머니와의 관계를 끝까지 파고들지 않고서는 견디지 못하는 절박감은 그의 아름다운 외모와 넘치는 재능과 함께 일종의 비극성까지도 불러일으킨다.

일본은 어머니의 대상화를 난감해한다

어머니와의 관계를 정면으로 그리며 '어머니의 대상화'를 다룬 영화를 루마니아와 캐나다의 젊은 감독이 만들었다는 사실에 여러 가지 감개를 느낀다. 전자는 일본과 마찬가지로 억압적이고 지배적인 어머니를, 후자는 어쩔 수 없는 엇갈림에도 개의치 않고 씩씩하고 강인하게 아들과의 관계를 버텨 나가는 어머니를 그리고 있다.

공통점은 아버지의 부재이다. 화면에도 아주 드물게 등장하는 아버지는 아들에게 롤 모델은커녕 짐을 상징할 뿐이다. 오로지 어머니가 형성한 세계 속에서 살아가는 아들의 모습은 스웨

덴 감독 잉마르 베리만이 목사였던 아버지와의 관계에서 겪어 온 고통을 2003년「사라방드」라는 작품에 집약시킨 예와 대조를 이룬다.

아버지의 부재라는 말이 일본에서는 낡은 단어가 되었지만, 두 감독의 경우와는 어딘가 다를 것이다. 프로이트의 오이디푸스 콤플렉스라는 개념이 나타내듯, 기독교를 배경으로 근대적 개인·자아의 성립이라는 계기를 거쳤는지 아닌지가 큰 분기점이 되지 않을까. 어머니와 자신을 단절시키는 아버지가 일찍이 존재했는가, 그렇지 않은가. 어머니에게서 벗어나지 못하는 아들의 현재를 어떻게 인식할지는 그에 따라 달라지리라 생각한다.

정신분석적으로는 오이디푸스 콤플렉스를 거치지 않으면 성숙하지 못한다고 보지만, 단절시키는 아버지가 일찍이 존재했기에 어머니의 대상화가 가능했을지도 모른다. 일본에서는 이때까지 그런 아버지가 존재하지 않았고, 그렇기에 어머니를 대상화하기가 더없이 난감하게 되었다. 이를 다시 영화 작품을 통해 살펴보자.

일본 영화에 나타나는 어머니
일본 영화에는 아들의 입장에서 정면으로 어머니를 묘사한 작품이 별로 없다. 물론 고통스럽게 헌신한 어머니를 감동적으로 미화한 작품은 빗자루로 쓸어도 될 만큼 많다. 그 밑바탕에는 여성은 창녀와 성녀, 두 가지밖에 없다는 빈곤한 여성관이 흐르고 있다. 예외라면 미야자키 하야오 감독의 애니메이션으로, 기분 나쁜 어머니가 빈번하게 등장한다. 「센과 치히로의 행방불명」의 어머니가 보이는 무심함과 불쾌한 모습은 너무나도 리얼하다. 다른 남성 감독들은 자신을 아들이라는 위치에 놓고서 어머니를 바라보는 일을 왜 그리도 난감해할까.

성인이 되어서 '부모를 나쁘게 말하는 것은 자립하지 못했다는 증거'라는 규범이 생각보다 훨씬 심하게 아들들을 속박하고 있기 때문이 아닐까. 그 정도는 딸보다 훨씬 강할지도 모른다. 많은 딸들도 그러한 규범 때문에 고통스러워하지만, 아들들에게는 더 깊이 뿌리내리고 있음이 틀림없다.

또 다른 이유는 어머니가 이성이라는 점이다. 여성인 어머니를 남성인 자신이 비판하고 고통을 표출하는 데에 대한 저항감이다. 어머니의 억압을 감지하고 괴로워하는 것은 어머니에 대한 패배를 의미하기 때문이다. 피억압감은 억압당한다는 수동성을 인정함으로써 생겨난다. 자신이 어머니에게 지배당하고 억압당한다는 것은 어머니의 가해성=자신의 피해성을 인정하는 꼴이 된다.

아버지에게 당하는 패배는 그렇다 치더라도, 어머니에게 당하는 패배는 아들의 젠더관을 뒤엎어 버린다. 남자가 남자에게 패하는 것은 굴욕이 아니다. 하지만 여성에게 패하는 것은 그들의 근본에 있는 남성우월적 가치관을 저해한다.

아들들은 이렇듯 의식화된 결과로서 어머니에게 받은 억압을 부인하는 게 아닐까. 어쩌면 '자신보다 훨씬 약한 존재인(그래야 하는) 어머니를 비판하면 어머니가 불쌍해진다', '그런 짓은 비겁하다'는 온정주의적 정의감에 주저하고 있는지도 모른다.

안이한 용서와 자아도취, 극복했다는 착각이 여성혐오를 낳는다
앞서 다룬 바와 같이, 뿌리 깊은 여성차별과 어머니를 비판하는 데에 대한 망설임은 연결되어 있다. 이는 일본 영화에서 어머니상, 나아가서는 여성상을 깊이 있게 묘사하지 못하도록 방해한다. 일본은 로리타 콤플렉스적인 소녀 예찬 영화(겸 애니메이션)를 양산하기로 세계에서 으뜸이지만, 한편으로는 어머니가 된 여성들의 무서운 지배를 정면으로 바라보지 못한다. 이 두 가지를 표리일체라고 본다면, 어머니를 비판하지 못하는 태도가 일본 문화에 깊은 영향을 끼치고 있는 셈인지도 모른다.

사실은 「아들의 자리」의 일본 개봉일이 다가왔을 때, 어머니가 부담스러운 아들들이 목소리를 높이는 계기가 되지 않을까 은근히 기대하고 있었다. 금기를 외국 영화로 깨 버릴 수 있을지도 모른다고 생각했다. 하지만 아들이 어머니를 대상화하고 억압성을 묘사하는 것은 아버지를 대상화하는 것보다 훨씬 힘든 일이었다.

앞서 말한 두 젊은 감독이 그런 작품들을 만들기 위해서는 자신의 남성성을 재질문하고 여성차별이 스며든 젠더관을 뛰어넘어야 했을 것이다. 훨씬 더 강인한 문제의식과 이를 영상화하는 재능을 겸비하지 않으면 아들이 어머니를 비판적으로 대상화하기란 불가능하다. 「아들의 자리」 관객의 대부분은 중·노년 여성이었고 삼십 대 이하 남성들의 모습은 거의 찾아보기 어려웠다. 그 이유도 지금에야 납득이 간다.

흔히 불량 청소년들은 보수적이라고 한다. 금발로 염색하고 교복을 불량스럽게 고쳐 입은 젊은 남성들의 대화를 편의점에서 들은 적이 있다. "야, 어버이날 선물 뭐 할 거냐?" "나? 여행 티켓." "우와, 어디? 어디?" "오키나와, 2박 3일 패키지." "대박! 난 올해도 돈이나 드리고 고깃집에나 갈 건데."

다소 옛날이야기지만, 1972년 아사마 산장 사건[3]의 에피소드도 떠오른다. 민간인이 사살되어 궁지에 몰린 경찰 측은, 틀어박혀 농성 중인 연합적군 멤버의 친족들(사카구치 히로시의 어머니, 반도 구니오의 어머니, 요시노 마사쿠니 등의 부모)을 현장 가까이로 불러 확성기를 사용해 여러 차례 설득하게 했다. 설득에 나선 부모들은 사건이 일어나고 있던 2월 22일 미국의 닉슨 대통령이 중국을 방문한 일을 이야기하며, 국제 정세가 바뀌고 있다고 호소했다. 나중에 밝혀지기로 닉슨 방중 뉴스는 연합적군 멤버들

---

3 일본 나가노현의 휴양 시설인 아사마 산장에서 연합적군이라는 극좌파 테러 조직의 멤버들이 열흘 동안 벌인 인질극. 무장한 인질범들과 경찰 간의 총격전과 공방이 TV에 생중계되며 일본 국민들에게 큰 충격을 안겼다. 결국 전원 체포하고 인질도 구했지만, 그 이후 일본의 좌파진보세력이 몰락하는 계기가 되고 말았다.

도 TV로 보고 있었다고 한다. 절절한 설득을 들은 기동대원들은 눈물을 흘렸지만, 범인들은 경찰이 부모, 그중에서도 어머니의 정을 이용했다는 사실에 오히려 발끈해서 부모가 타고 있던 경찰 장갑차를 향해 발포하고 말았다.

제2차 세계대전 중의 특별고등경찰은 좌익사상을 지닌 자들을 위험한 존재로 보고 체포해 옥중 고문을 가하면서, 한편으로는 눈물이나 정에 호소하는 방법도 썼다. 나이 든 어머니가 어떻게 생각하겠느냐, 어머니를 고통스럽게 만들고 있다며 협박했다고 한다. 이러한 전향문학에 대해서는 많은 저작들이 나와 있다. 그중에서도 『마더 콤플렉스 문학론: 속박으로서의 '어머니'』 マザコン文学論 —— 呪縛としての「母」(1991)가 자세히 다루었다.

그렇다고는 하나 일본에도 어머니에 대한 날카로운 비판을 던진 흔치 않은 남성들이 분명히 존재했다. 물론 섣부른 비판마저도 바람직하다고 생각하지는 않는다. 하지만 솟구치듯, 거의 소리를 지르듯이 어머니를 향해 써 내려간 결별, 비판, 분노의 말들은 이를 표출해 낸 용기와 함께 좀처럼 잊어버리기가 어렵다.

철학자 쓰루미 순스케鶴見俊輔(1922~2015)는 많은 글과 대담에서 자신의 어머니가 가한 불합리한 학대 행위를 밝혔다. 학대라는 단어가 일본에 퍼지기 이전부터 신체적 학대라고 단정하고 자신이 받은 영향을 통찰해 왔다. 처음 읽었을 때는 솔직히 놀랐지만, 어머니를 결코 용서하지 못한다는 말에서 그의 흔들림 없는 지성과 타협하지 않는 자세를 느낄 수 있었다.

『게으름뱅이 정신분석』ものぐさ精神分析(1977)으로 알려진 심리학자 기시다 슈岸田秀도 자신과 어머니의 관계를 지속적으로 탐구하던 것이 직업으로 이어졌다고 많은 기회에 이야기했다.

또 한 사람, 사진가 시마오 신조島尾伸三 씨도 이야기하고 싶다. 논픽션 작가 가케하시 구미코梯久美子가 쓴 『광인: '죽음의 가시'의 아내 시마오 미호』狂うひと ——「死の棘」の妻・島尾ミホ(2016)[4]에서도 밝혀졌듯 그가 자란 환경은 가혹하기 짝이 없었다. 그는 어머니인 시마오 미호의 놀라운 언행에 대해, 조금씩 시간을 들여 많은 저작에서 묘사했다. 그 내용을 읽으면 어떤 전문서도 극한을 살아낸 당사자의 말을 이길 도리가 없음을 통감하게 된다.

아들로서 어머니를 비판하는 것은 단순히 개별적인 부모자식 관계를 넘어 남성인 자신을 재질문하는 의지에 찬 행위이며, 결코 여성혐오로 연결되지 않음을 강조하고 싶다. 어머니에 대한 비판을 부인하고, 용서했다는 안이한 자아도취나 극복했다는 착각에 빠지는 태도야말로 여성혐오를 낳는다. 때로는 여성에 대한 폭력적인 복수나 성인 여성에 대한 공포로 연결될 것이다. 앞서 말한 세 사람처럼 괴로울지라도 용감하게 의식화하고 언어화하지 않으면 안 된다.

---

4 '죽음의 가시'는 시마오 신조의 아버지이자 시마오 미호의 남편인 시마오 도시오(島尾敏雄)가 쓴 장편소설의 제목이다. 전쟁 말기의 주둔지 섬에서 만난 특공대원과 섬 출신의 여성이 극한의 결혼 생활로 치닫는 상황을 그린 작품이며, 자신과 아내를 모델로 삼은 사소설로도 유명하다.

2장　가족은 재생하는가 — 가해·피해의 종말

오해

한 젊은 여성이 내 강연을 들은 뒤 다가와서 이렇게 말했다.

"몰랐더라면 더 좋았겠어요."

1970년대 페미니즘에 관한 책을 읽은 여성들도 많이 했던 말이다. 거기에는 나도 포함된다. 이들은 어딘지 이상하고 괴롭지만 결혼 생활이란 게 원래 이렇겠지, 하고 자신을 달래며 하루하루를 보냈다.

그러다 여성차별이나 성별 역할 분업이라는 페미니즘의 언어를 알게 되면 충격을 받는다. 일상생활의 색채가 옅은 파란색에서 회색으로 바뀌어 버리는 변화에 당황하며 여성들은 "몰랐더라면" 하고 중얼거린다. 아예 몰랐더라면 포기하고 나름대로 평온한 일상 속에 몸을 맡길 수 있었으리라. 하지만 일단 알아 버린 이상, 몰랐던 자신으로 돌아가지 못한다. 위화감에 근거를 얻어 기뻐하기보다는 되돌아가지 못할 먼 길에 들어섰음을 깨닫고 어쩔 줄을 모른다.

상담가인 나는 똑같은 중얼거림을 다시 많은 여성들에게서 듣는다. 이 여성들(때로는 남성들)은 성학대 피해자이거나 가정폭력(이하 DV[1]로 칭함) 피해자이다. 두 가지를 같은 예로 다룰 수는 없겠지만, 외부의 눈에는 보이지 않는, 가족이라는 사적 영역의 폭력이라는 점에서는 똑같다.

21세기에 들어서면서 지원 활동을 하는 이들이 성학대·DV의 존재를 부정하는 경우는 거의 사라졌다. 하지만 아직도 성학대를 근친상간이라고 부르는 사람이 많고, DV는 때리고 걷어차는 잔혹 행위라고만 여긴다. 근친상간은 '상'相이라는 글자가 상호성을 나타내기 때문에 가해·피해의 비대칭적 관계를 은폐한다. 그래서 우리는 아주 오래전부터 이 표현의 사용을 중단하고 '근친간'近親姦이라고 부르고 있다.

DV에 이르러서는, 신체적 폭력이 DV 전체의 극히 일부에 지나지 않는다는 사실이 덜루스 프로젝트의 '힘과 통제의 바

---

1 'Domestic Violence'의 약자이지만, 일본에서 'DV'는 여성이 친밀한 관계인 남편이나 애인에게 당하는 폭력을 지칭하고 '가정폭력'은 부모와 자식 간의 폭력까지 모두 포함하는 더 넓은 개념이라는 점에서 차이가 있다. 국내의 학자나 활동가는 DV와 유사한 개념으로 '아내 폭력'이라는 용어를 쓰기도 하지만, 완전히 정착된 용어라고 보기 어렵고 DV는 혼인 외의 관계에도 해당되는 개념이므로 여기서는 DV 그대로 표기하였다.

퀴'power and control wheel[2] 도식에서도 나타난다. DV의 본질에는 때리고 걷어차는 신체적인 폭력, 성행위를 강요하는 성적 폭력 이외에도 수많은 언어·경제적 제재, 협박 및 감시 등의 행위가 존재한다.

이러한 '오해'를 단순한 무지라고 비판해서는 곤란하다. '오해'는 현실의 지배적 시점(상식) 자체이다. 피해자를 구하고 지원하기 위한 지식·식견과 상식(지배적 시점)은 정반대이다. 아버지가 딸의 몸을 만지는 것은 딸도 좋아서 합의한 일이라고 한다. 뼈가 부러질 정도로 때리지 않고 때때로 큰소리로 고함치는 정도는 DV라고 부르지도 않는다. 지원 활동을 하는 우리의 시선에서 보자면 사회의 상식 자체가 바로 '오해'이다.

피해자라고 불려야 할 여성들은 그런 '오해'를 믿지 않으면 살아 나갈 수 없었다. 남편이 악의에 차서 '멍청이'니 '호박'이니 떠들어 대도 때리지 않으니까(게다가 '손을 올리지 않으니까' 하고 완곡하게 표현된다) DV는 아니다. 정해 놓은 금액만큼 생활비만 주고 급여 총액을 가르쳐 주지 않아도 때리지는 않으니까 DV를 저지르는 남편은 아니라고 매일 자신에게 타이르며 납득시킨다. 성학대에 이르러서는 거의 기억의 한쪽 구석에 밀어 두고서

---

2   가해자가 행하는 다양한 폭력의 형태는 바퀴가 굴러가듯 끊임없이 반복되기에, 강제로 중단시키지 않으면 지속적으로 재발하여 피해자를 고통에 빠뜨린다는 개념이다. 덜루스 프로젝트(Duluth Domestic Abuse Intervention Project)는 이 이론을 바탕으로 한 가해자 프로그램으로, 집단 치료·역할극 등을 통해 피해 여성의 마음과 입장을 이해시키고 폭력을 멈추게 하는 데 목적이 있다.

의식하는 일조차 없다.

그런데 이 여성들은 어떤 계기로 그것이 '오해'였음을 알게 된다. 자신의 경험이 성학대나 DV라고 일컬어지는 것이었음을 깨닫는다. 그때의 충격은 옅은 파란색에서 회색으로 바뀌는 변화가 아니다. 마치 세계가 180도 회전해 버린 듯한 변화이다. 발밑이 무너져 내리는 듯한 감각을 견디며, 여성들은 "몰랐더라면 더 좋았겠다"라고 중얼거린다.

하지만 이 여성들은 이제 몰랐던 때로 돌아가지 못한다. '오해'임을 알아 버렸기 때문이다. 언젠가 알게 되어서 다행이었다고 진심으로 생각할 때가 오리라 믿지 않으면 살아가지 못할 것이다.

'알게 되어서 다행이다'라고 여성(남성)들이 생각하는 데 일조하기 위해 이 책을 쓰고 있다.

상담에서의 몸

타자의 신체에 합법적으로 접촉할 수 있는 직업은 그리 많지 않다. 대표적인 분야는 의료이다. 생명을 유지하기 위한 생존의 목적이라면 접촉뿐만 아니라 신체를 절단하거나 내장을 적출하는 일까지도 정당화된다. 그 외에 간호, 돌봄, 물리치료, 침이나 뜸, 미용 등을 들 수 있는데, 모두 다 국가 자격증을 취득해야 하는 분야이다. 물리적인 접촉을 생업으로 하려면 국가의 관리가 필요하다는 뜻이다. 신체 접촉은 생존을 위해서라는 대의를 잃으면, 때로는 생명의 위기를 초래할 가능성도 있기 때문이다.

일반적으로 상담(심리적 지원)은 신체보다도 심리·정신적인 문제를 대상으로 한다고 여겨진다. 하지만 나와 같은 개업 임상심리사들은 더 폭넓게 가족 등 '관계'를 대상으로 다룬다. 상담은 크게 나누어, 그룹으로 관여하는 집단 상담과 개인 상담, 두 가지 형태가 있다. 일반적으로는 후자를 기본으로 하여 밀실에서 일대일 관계를 형성하는 데서 시작된다.

일본의 경우, 상담가는 심리학이나 임상심리학의 학문적 식견과 그에 기초한 전문적 훈련을 거친 뒤에 국가 자격인 공인심리사 시험에 합격해야 한다. 닫힌 공간에서 실시되므로 엄격한 직업윤리가 요구된다.

그중 한 가지가 동의 없는 신체 접촉 금지이다. 서구처럼 악수나 포옹 같은 관습이 없는 일본에서는 엄격하게 금기시하고 있다.

최근 들어 마음과 몸의 구분을 뒤흔드는 문제가 상담 현장에서 증가하고 있다. 예를 들자면 자해, 약물 남용, 섭식장애, 나아가서는 DV나 아동학대 등 가족 내의 폭력이다.

가족 밖으로 눈을 돌리자면 성범죄 피해자, 사고 후 겪는 트라우마, 지진이나 전쟁 피해 등의 문제들이 있다. 폭력이라는 시점에서 다음 네 가지로 분류해 보자. ① 자신에 대한 폭력, ② 가족(사적 영역) 내 폭력, ③ 시민사회에서 일어나는 폭력, ④ 국가 간 폭력. ①은 손목을 긋는 등의 자해 행위를 가리키는데, 폭력의

대상은 자신이고 가해자와 피해자가 일치한다. ②, ③에는 가해
자와 피해자가 각각 결정되지만 ④는 정치적 판단에 따라 가해
국·피해국이 크게 변동한다.

이처럼 폭력이라는 문제가 대상이 됨에 따라 상담 현장에서
도 신체성을 다루지 않을 수 없게 되었고, 정신과의료와 긴밀하
게 연계할 필요성이 생겨나고 있다. 또한 예전에는 개인적이고
심리적인 갈등으로 여겨졌던 일이 현실 인간관계의 가해·피해
로, 즉 내적 대상에서 현실의 대상으로 되돌아오고 있다.

내적인 '마음'의 문제로 여겨졌던 것을 다시 현실적인 관계의
무대에 올리는 작업. 나는 이를 '관계환원적'이라고 부르고, 이
렇게 내담자의 문제를 다루는 방식이 현실적인 동시에 유효한
지원이라고 본다.

가족은 무법지대이다

시민사회는 국가와 사적 영역인 가족 사이에 끼어 있다. 여기서
는 폭력을 범죄로 받아들인다. 집에서 한 발짝이라도 나와 출근
하는 길에 누군가에게 얻어맞는다면, 이것은 폭행이므로 경찰
에 신고해서 체포되도록 할 수 있다. 때린 쪽은 가해자, 맞은 쪽
은 피해자라고 불린다. 이렇게 정의하는 데에 그다지 이견은 없
을 것이다.

시민사회는 시민을 지키기 위해 시민=피해자의 입장에 선다.
사법·경찰 등 공권력이 행사되고 가해자는 처벌당한다. 폭력이

라고 정의하는 일 자체가 피해자의 입장에 서 있음을 함의한다. 이를 다시 한번 확인해 두고 싶다.

④의 국가 간 분쟁이 좀처럼 폭력이라고 불리지 않는 이유는 피해국을 결정하는 기준 자체가 정치적이기 때문이다. 9·11 테러, 이라크 전쟁을 봐도 명백하지 않은가. 정치 역학이 짙게 반영된 상황에서 '일체의 전투 행위는 폭력이고 범죄다'라는 소박한 슬로건은 때때로 힘을 잃는다. 현재에도 국가 간 폭력은 용인되고 있다.

한편, '법은 가정 안으로 들어가지 않는다'라고 규정한 메이지 민법(1898년 시행)의 정신은 전후 민법에 그대로 이어졌다. 가족은 애정에 근거해 결속되므로 법적인 규칙이 필요하지 않다는 관점에 입각한 결과이다. 전후민주주의[3]에서도 이 법의 정신은 국가 권력에게서 개인을 지키는 요새로 가족을 위치 짓는 데 공헌했다. 뒤에서 언급할 DV방지법과 아동학대방지법이 국가 권력의 가족 개입을 허락하면서 일부 사람들의 반발을 부른 것도 그 이유였다.

법적 규제가 미치지 않는다는 말은 바꾸어 말하면 가족은 무법지대라는 뜻이 된다. 아이를 나무에 묶어 매달아 놓아도 사랑하니까 버릇을 고쳐 주려는 것이고, 목욕물에 머리를 처박아도

---

3   제2차 세계대전 이후 일본에 보급된 민주주의 사상과 가치관을 총칭하는 말로 주권재민, 평화주의, 기본권을 옹호하는 사상이다. 패전 뒤 미군정 당시, 정치·교육 등 일본 사회의 여러 분야를 개혁하는 기본 원칙으로 삼았다.

그저 벌을 주는 일이 된다. 남편이 아내를 걸어차는 것은 흔해 빠진 부부 싸움의 연장이며, 뺨을 때리는 것은 아내에게 본때를 보여 주는 행위였다. 오죽했으면 '손을 올리기'까지 했겠느냐며 스파르타식 교육을 하는 부모나 폭군처럼 구는 남편은 미화되었고, 그들이 가해자라고 불리는 일은 없었다. 밥상을 뒤엎어도 웃음과 함께 용인되었고, 아내가 맞는 이유는 건방지기 때문이었다. 가족을 통솔하는 가장의 입장에 서면, 가족 안에서 '폭력' 따위는 애초에 존재하지 않는다.

가족 내 폭력은 구축된다

부모가 자식에게, 남편이 아내에게 행하는 '버릇 고치기'며 '체벌', '부부 싸움' 등은 언제부터 폭력으로 이름 붙여지고 정의되었을까.

거품경제 붕괴 직후인 1990년, 오사카에서 소아과의사를 중심으로 아동학대 예방 단체가 생겨났다. 다음 해에는 도쿄에서 알코올의존증 지역정신보건 네트워크를 중심으로, 또 정신과의사 및 변호사, 보건사[4] 중심으로도 비슷한 단체가 생겨났다. 당시에 의사들은 병원 야간 응급실로 이송된 유아가 두개골 함몰로 의식불명일 때, 동반한 부모의 "아이가 부주의해서"라는 말

---

4   보건 지도 전문가로서 보건소 등에서 일상생활을 잘 영위하고 건강을 개선하는 데 필요한 상담을 해주거나, 기업이나 학교, 병원 등에서 종사자 전체의 건강을 증진하는 업무를 담당한다.

을 믿을지, 부모의 학대에 의한 일로 판단할지 답을 해야 하는 처지였다. 보건사들 또한 알코올의존증 남편의 폭력에서 도망친 어머니가 여력이 없다는 이유로 세 형제 중 장남을 아버지 곁에 두고 떠난 경우, 그 아이를 어떻게 할지에 대한 판단을 요구받았다.

지원 활동을 하는 이들은 그러한 경험을 거치는 동안, 부모와 자식 간의 이해는 상반되는 경우가 있으며, 부모가 자식을 죽일 가능성도 있고, 무력한 아이를 부모에게서 지키지 않으면 생명에 위협이 일어난다고 판단하게 되었다. 이 때문에 '학대'라는 단어를 정의할 필요가 있었다.

1980년대 말에는 남편의 폭력에서 도망친 여성들을 보호하는 쉼터가 도쿄에 생겼다. 경찰에 신고해도 단순한 부부 싸움으로밖에 다루지 않았기 때문에, 여성들이 신변의 안전을 확보하려면 쉼터로 도망쳐야 했다. 1995년 베이징에서 개최된 제4회 세계여성회의에서 친밀한 관계에 있는 남성이 여성에게 가하는 폭력을 근절해야 한다고 선언했고, 참가자들은 여기에 '가정폭력'domestic violence이라는 이름을 붙였다. 그 이후 일본에서는 아내에 대한 남편의 폭력을 DV라 부르고 있다.

DV, 아동학대, 노인학대 등의 단어는 그렇게 부르지 않으면 안전이라는 기본적인 인권을 지키기 어렵다고 판단한 사람들 및 이를 지원하는 사람들의 필요에 따라 만들어지고 구축되었다. 폭력이라고 이름 붙이고 정의함으로써, 그때까지 '내가 잘못했으니까' 하고 오로지 참기만 하던 사람들이 처음으로 자신을 '피해자'로 위치 지었고, 폭력을 행사하는 사람을 '가해자'로 부를 수 있게 되었다.

일본에서 2000년에 제정된 아동학대방지법과 2001년의 DV 방지법(배우자 폭력 방지 및 피해자 보호 등에 관한 법률)은 법에 따라 예방해야 하는 폭력이 가족 내에서 발생하고 있다는 사실을 국가가 인정했음을 의미한다. 서구에 비하면 약 20년이나 뒤처져서야 무법지대였던 가족에 법률이 적용되었다. 하지만 '가해자'를 범죄화하는 데까지 이르지는 못했다. 그런 점에서 법은 '어중간하게' 가정에 들어간 데에 지나지 않는다.

프라이버시라는 벽을 돌파해 학대하는 부모에게 개입할 권한은 여전히 아동상담소에만 한정적으로 인정되고 있다. DV 역시, 피해자가 남편을 고소하지 않으면 남편은 체포되지 않는 것이 현실이다. 아이의 학대사가 보도될 때마다 "왜 구하지 못했나" 하고 TV에서 연일 목소리를 높이지만, 이러한 상황을 재검토할 필요성을 느끼는 사람은 나뿐인 걸까.

가족에게 폭력의 연쇄는 권력에 따른 억압 위양

폭력이란 타자에게 당하는 원치 않는 침입을 나타내는데, 그렇게 정의함으로써 가해자와 피해자라는 상반되고 대립적인 관계가 생겨난다. 가족 내 폭력의 많은 경우는 습관적으로 반복되고, 가해자·피해자 관계는 상호적이지 않으며 비대칭적이다. 그렇기에 '싸움'이라고 부르지 않는다. 비대칭성은 권력이라고 바꾸어 말할 수 있고, 강한 쪽이 약한 쪽에 행사한다. 그중에서도 DV는 가해자 대부분이 남성이라는 점에서 시민사회에서 일어나는 성범죄와 매우 비슷하다.

앞서 말한 바와 같이, 폭력이라고 정의하는 일은 피해자의 입장에 서는 위치성positionality을 전제로 한다. 그리고 기본적으로 피해자는 순수하고 어떤 책임도 없이 옹호되어야 하며 결과적으로 정의가 된다. 중립적인 입장이 공정하다면, 폭력으로 정의되는 관계에서 중립이란 피해자의 입장에 서는 것이다. 그들의 행위를 폭력이라고 이름 붙이는 순간, 중립적 입장은 피해자의 입장에 바짝 다가가게 된다. 지나치게 엄격한 부모에서 학대하는 부모로 정의가 달라지며, 중립 지점은 약자에게 가까워진다.

이러한 변화는 동시에 권력이라는 정치적인 단어가 내포하던 힘의 관계가 탈색됨을 의미한다. 시민사회의 법에 따라 정의를 판단해서 축을 이동시킴으로써, 피해자를 절대적 정의라고 주장하고 가해자를 악으로 만드는 극단적 대립이 발생할 위험성도 무시하기 어렵다. 최근 임상심리 지원 분야에서 '피해자 지원'이 주된 활동 중의 하나로 커진 것도 그러한 결과일 것이다. 가해·피해의 축은 역학관계에 따라 쉽게 전환될 수 있고 그 관계성을 탈구축할 수도 있다.

가해·피해 구도가 경직화되는 극단적인 대립을 피하려면 역동적인 정치적 관점을 견지하고, 피해자성의 강조가 때로는 일종의 권력을 지닌다는 사실을 자각할 필요가 있다. DV 피해자인 아내가 아이를 학대하는 가해자가 되기도 하듯, 가족에게 폭력의 연쇄는 권력에 따른 억압 위양으로 해석할 수 있다.

한편으로 상식적인 가족관에 따르자면, 가족이란 권력이나 폭력과는 무관한 애정공동체다. 학대나 DV가 일어나는 가족은 비정상으로 여겨져 보통의 가족과는 단절된다. 가해·피해의 관계성은 존재하지 않는 것이다.

폭력을 둘러싼 두 가족관의 대립이 아동학대에서는 그리 크지 않다. 피해자가 무력하고 순수한 어린아이라는 점에서, 휴머니즘의 정의와 피해자 입장에 선 정의가 운 좋게 합체를 이룰 수 있기 때문이다.

반면 DV는 피해자가 성인 여성이고 선택과 판단 능력을 갖고 있다는 점, 게다가 가해자와 피해자 사이에 성적 관계가 결부되어 있다는 점에서, 지배적 가족관은 이 여성들의 순수성을 보장해 주지 않는다. DV를 주제로 강연을 하면 "아내도 남편을 때린다", "아내가 건방지게 굴어서 그런 거 아니냐"는 비판과 야유가 반드시 청중에게서 나온다. DV를 다룰 때 중립을 넘어 피해자의 입장에 서는 일은 때때로 각오가 필요하다. 아동학대만큼 정의가 보장되지 않고, 기존 가족관과 정면으로 대치함을 의미하기 때문이다.

애정 교환이라는 폭력

사적 영역에서 많은 행위가 폭력으로 정의되지 않았던 이유는 무엇일까. 우에노 지즈코에 따르면 혼인관계를 맺는 것은 '배우자에 대한 성적 신체 사용권을 독점적으로 보장받는' 것이다. 성적 관계를 맺음으로써 임신하고, 어머니는 자신의 신체로 아이를 출산한다. 아버지는 자신의 DNA를 이어받은 존재로서 아이를 얻는다.

사적 영역이란 그곳에 거주하는 사람들이 합법적으로 신체를 접촉하고 노출하고 성적 교섭을 행하는 유일한 공간이다. 시민사회 법 적용의 예외가 가족이라고 앞서 서술했지만, 가족 간에는 구성원 간의 신체 접촉이 합법이라는 점을 짚고 넘어가야 한다. 출산·육아라는 행위만 해도 어머니와 아버지가 아이의 신체에 접촉하지 않고는 수행이 불가능하다. 2003년 일본공익광고협의회가 제작한 TV 광고에서는 어머니와 아버지가 자녀를 '꼭 안아 달라'고 권장하는 영상이 흘러나왔다. 하지만 꼭 껴안는 데에서 학대까지 이르는 거리는 그리 멀지 않다. 울음을 그치지 않는 아이를 때리고 격렬하게 흔드는 행위에서 보듯이 학대는 때때로 꼭 껴안는 육아 행위의 연장으로 일어난다.

신체 접촉에서는 때때로 애정과 폭력의 경계를 확인하기가 어렵다. 하지만 경계의 철거는 성적 교섭처럼 융합적 관계를 실현하려면 반드시 필요하다.

시민사회에서 터무니없이 과한 신체 접촉은 성범죄가 되지만, 사적 공간에서는 허용되어 왔다. 아버지나 오빠가 딸이나 여동생에게 성적 관심을 품더라도 대부분은 애정 표현으로 자각되었고, 어머니가 자신의 괴로움을 모두 딸에게 분출하더라도 피로 연결된 부모자식 관계이기에 당연시되었다.

남편과 아내, 오빠와 여동생, 부모와 자식의 관계가 비대칭적이면, 한쪽이 합의라고 생각하더라도 다른 한쪽은 강제, 혹은 항거 불능이라고 느낄지 모른다. 가족이라는 공간에서는 타자에게 무방비한 상태를 권장함으로써 힘의 침입을 용이하게 만든다. 권력을 지닌 쪽의 자의성, 자유방임은 때때로 노골적인 권력의 발로로 이어진다.

성적 DV

아내를 때리고 걷어차고 물건을 부수는 신체적 폭력에 DV라고 이름 붙이기를 주저하던 경향이 줄어들고, 많은 남성 전문가가 TV에 나와 "지금으로 말하자면 DV인데…"라고 표현하는 시대가 되었다. 하지만 은밀한 DV는 여전히 보이지 않는 채로 남아 있다. 이제부터 대표적인 예를 소개하겠다.

① 강제적인 섹스

나는 매월 2회 DV 피해 여성들을 대상으로 집단 상담을 실시하고 있는데, 그곳에 오는 여성들도 성적 DV만큼은 좀처럼 표현하기 어려워한다. 대표적인 행동이 성적 교섭을 아내에게 강제하는 것, 즉 아내가 원치 않음에도 강간과도 같은 섹스를 강요하는 것이다.

얼핏 보기에는 문제없는 부부로 보이지만, 아내가 섹스를 거부할 때마다 신체적 폭력을 휘두르거나 "너는 여자도 아니다", "그럼 바람피워도 되냐", "해주는 것만으로도 고맙게 생각해" 하는 식의 폭언을 뱉어 내기 때문에, 다음부터는 아내가 포기하고 응하는 경우가 많다.

다른 사람들의 눈에는 사이가 좋아 보여도 아내가 공포심 때문에 남편의 요구를 거스르지 못하는 부부관계도 있다. 아내들은 '남자의 성욕이란 게 다 그렇지' 하고 포기한다.

② 피임에 협조하지 않음

첫아이를 출산한 지 얼마 되지 않아서 피임을 원하는데도 아랑곳하지 않은 남편 때문에 B 씨는 연년생 아이를 임신했다. 그 뒤로 20년이 흘러 사십 대 후반이 된 B 씨는 남편의 폭력을 이유로 이혼 조정 중이지만, 그 순간에 남편에게 확실히 피임하자고 요구하지 못했던 자신을 지금도 책망하고 있다. 신체적 폭력은 자신의 책임이 아니라는 점은 납득했다. 하지만 대체 왜 그 순간에 피임을 거부하지 못했을까, B 씨는 계속 생각한다.

임신에서 출산을 선택했지만, 주변의 도움이 없는 가운데 연년생을 품고 키우는 생활은 정말로 힘들었다고 한다. 이처럼 성과 관련된 에피소드는 성범죄처럼 거부하지 못한 여성의 책임으로 돌리는 경우가 많고, 그중에는 거부 자체를 비난하는 말들도 많다. 하지만 어째서인지 임신을 겁내는 아내에게 섹스를 강요하고 피임 도구 착용도 거부하는 남편에 대한 비판은 별로 없다.

또 다른 C 씨는 이렇게 말했다.

"내가 여성스럽게 행동할 때마다 술 취한 아버지한테 용모가 단정치 못하다고 욕을 들었어요. 어머니는 그럴 때마다 나를 더러운 것이라도 보는 눈초리로 바라봤죠. 그래서 나는 여성이라는 정체성을 확립하고픈 갈망이 있으면서도, 한편으로는 언제나 그걸 혐오했습니다.

아이를 셋이나 낳은 이유는 여성(어머니)이라는 정체성을 원했던 점도 있었지만, 남편이 피임에 협조해 주지 않았기 때문이에요. 작년에 자궁근종 수술을 받은 뒤, 자궁 전체를 적출했는데요. 그 뒤부터 남편은 전혀 성관계를 하려고 들지 않게 됐어요. 자신의 정자로 임신이 가능한 존재가 아니면 욕구를 느끼지 않는다나요. 피임을 거부했던 것도, 내가 피임약 먹는 걸 막은 것도 그 때문이었죠.

이제는 임신하지 않게 되어서 속이 시원해요. 하지만 여성이라는 정체성이 어디선가 흔들리기 시작했습니다."

45세인 남편은 C 씨에게 강간이나 마찬가지인 섹스를 강요하거나 신체적인 폭력을 휘두르지는 않았다. 그의 성욕은 오직 자신의 연장·분신인 아이를 출산할 가능성에 대해서만 발동한다.

아내인 C 씨는 아이를 낳는 존재로서만 남편에게 욕망된다. 그래서 출산 가능성이 없어지자마자 성적 대상에서 제외되었다.

나는 C 씨의 이야기를 들으며 성욕이 사회·문화적으로 구축된다는 사실을 재확인함과 동시에, 그 속에서 깊은 폭력성을 느꼈다. 그의 성행위는 궁극적인 자기애·자기중심성의 발로이다. 아이는 자기의 연장에 지나지 않는다고 여기고, 아이를 낳는 수단으로만 욕망을 느끼는 C 씨의 남편. 그것을 아내에게 쉽게 내보이는 천진함에 희미한 구역질마저 느꼈다.

성학대의 발견

애정과 폭력은 신체를 매개로 하기에 종종 그 경계가 불분명하다. 대표적인 것이 성학대이다. 원래 은폐되기 쉬운 학대인데, 발견 시기에 따라 크게 세 가지로 나뉜다.

① 현재진행 중에 발견하는 경우

지원 활동을 하는 이들도 성학대를 현재진행형으로 발견하기는 좀처럼 쉽지 않다고들 한다. 하지만 최근에는 발견으로 연결되는 기술을 체득하여, 유소년기에도 발견이 가능한 쪽으로 바뀌어 가고 있다. 보육이나 유아교육 현장, 방과 후 돌봄교실 등에서 아이가 하는 성적인 놀이나 그림, 신체 이상(성기의 염증 등)이 발견의 실마리가 된다. 보육사에게 아버지나 오빠의 성학대를 직접 이야기하는 아이도 있다. 성학대에 관한 지식이 보급되면서 가족 내의 시선에도 변화가 일어나고 있다.

예컨대 남편이 생후 7개월 딸의 기저귀를 가는 행동을 보고 성학대의 조짐을 감지한 아내가 어떻게 대처해야 할지 상담하러 온 일이 있었다. 초등학교 2학년생 딸이 아버지와 같은 이불을 덮고 자기를 거부하며 어머니에게 눈으로 호소했다는 에피소드를 근심 어린 목소리로 몰래 이야기하던 여성도 있었다.

이러한 변화는 가족에 대한 상식을 뒤집으려면, 지식의 충분한 보급이 얼마나 중요한지 보여 준다. 이를 통해 얼마나 많은 소녀, 소년을 구해 낼 수 있었는지 깨달을 때마다, 학대에 관한 지식을 더 널리 퍼뜨려야 한다고 생각한다.

② 훗날 상기하며 발견하는 경우

피해자가 학대를 당하고서 오랜 시간이 지난 뒤, 어떤 계기를 통해 다시 상기하는 경우가 있다. 하지만 그 내용이 '진실'인지 아닌지를 증명할 방법은 별로 없다. 대부분 몇십 년 세월이 지나 떠올리기 때문에, 캐나다에서는 30년 전 아버지에게 당한 성학대로 소송을 제기한 경우도 있었다고 한다.

1990년대 미국에서는 '거짓 기억false memory 논쟁'이 큰 화제를 낳았다. 상담으로 유도된 기억(그 일부는 허위였다) 때문에 친부모를 고소하는 케이스가 속출했고, 이를 계기로 가족옹호단체가 페미니스트 상담자에게 항의도 했다. 상담에서 그러한 유도는 당연히 위험하고 피해야 하는 일이다. 그럼에도 나는 성학대의 기억이 어떻게 되살아나는가에 대해 늘 깊은 관심을 두고 있었다.

55세 교사인 A 씨는 정신 쇠약을 느낄 때마다 두 딸에게서 "엄마, 최근에 조금 이상한데 병원에 한번 가보시는 게 어때요?"라는 말을 듣고 정신과 입구까지 갔다. 하지만 아무래도 들어갈 용기가 나지 않아 되돌아오던 길에, 상점가의 가방가게 앞에서 불현듯 '파자마 벨트'를 떠올렸다. 초등학교 시절, 대체 왜 항상 파자마 바지에 가죽 벨트를 하고 잤던 걸까. 기이한 기억이 되살아나자 A 씨는 불안해졌다. 그리고 그것이 실마리가 되어 기억이 하나하나 되살아났다.

"술에 취한 아버지는 어머니에게 매일같이 심각한 폭력을 휘둘렀어요. 오빠는 그걸 막으려다 화가 난 아버지에게 식칼로 턱을 베였죠. 지금 정신병원에 입원해 있는 오빠의 턱에는 아직도 그 흉터가 남아 있어요.

내가 초등학생이 되자, 내가 자고 있을 때 오빠는 내 하체를 만지기 시작했어요. 그걸 막으려고, 자신을 지키려고 파자마 위에 가죽 벨트를 하고 있었던 거예요. 견디다 못해 어느 날 밤에 어머니에게 이야기했지만 못 들은 척하더군요. 아마도 사실을 알고 있었던 게 아닐까요. 6학년이 되어 처음으로 거부의 뜻을 드러냈더니 그 행동을 멈추었어요."

A 씨는 이렇게 말했다. 직업이 교사이니 성학대라는 단어를 알고는 있었지만, 가죽 벨트를 생각해 냄으로써 처음으로 자신

의 경험과 오빠의 성학대를 일치시켰던 것이다. 하지만 그녀는 오빠를 고발하겠다는 생각은 하지 않았다. 이미 충분히 벌을 받고 있다고 생각했기 때문이다. 다만, 자신을 지켜 주지 않았던 어머니에 대한 분노만은 가라앉지 않아서 상담을 받으러 왔다.

삼십 대인 B 씨는 서점에 갈 때마다 왜인지 포르노 잡지 코너로 가서 책 제목에 쓰여 있는 '성'性이라는 글자를 홀린 듯이 바라보았다고 한다. 그런 자신이 싫고 부끄러웠는데, 어느 날 무심코 손에 든 잡지가 '성학대'에 대한 내용이었다. B 씨는 읽는 동안 부글부글 끓어올랐다. 공중에 붕 떠 있는 듯 어떻게 대처해야 될지 알 수 없었던 숙부의 행위가 하나의 지점으로 수렴되면서 성학대라는 세 글자가 떠올랐다고 한다. 그때부터 혼란이 시작되었고, 부모에게도 고백했다. 다행히 부모는 딸의 말을 믿어 주었다고 한다.

③ 증상의 배후에서 수동적으로 발견하는 경우

행동화acting out라고 불리는 젊은 여성의 과격한 행위는 자살 기도를 동반하고 생명의 위기를 부르기 때문에, 정신과병원에서도 때때로 의사와 간호사를 곤란하게 한다. 상담을 할 때 이들의 어머니와 만나는 일도 많은데, 함께 머리를 맞대고 어쨌든 살아만 달라고 애원하는 경우도 있다.

그러한 증상의 배후에 성학대 피해 경험이 잠재하고 있다는 사실을 이따금씩 경험했다. 피학대 경험을 먼저 상기하는지, 아니면 격렬한 증상이 나타나 병원에 입원했다가 상기하게 되는지는 어느 쪽이나 다 가능성이 있다. 전자의 경우는 상기에 따라오는 플래시백을 막으려고 격렬한 증상이 나타난다. 후자의 경우는 정신과의사 중에 남성이 많고 강제적으로 치료를 받게 하려는 구조이다 보니, 과거의 성학대와 겹쳐지면서 상기 '당하게' 되는지도 모른다.

어쨌든 격렬한 증상이 잦아들기까지는 피학대 경험을 다루기가 극도로 곤란하므로, 우선 엄밀한 구조를 갖춘 정신과치료로 생명의 위기를 벗어나는 지점까지 도달하는 일이 최우선이다. 충분히 준비되지 않은 상태에서 침범당하듯 상기하게 되는 것이 얼마나 위험한지 잘 알아 둘 필요가 있다.

기억은 갑자기 되살아난다

앞서 예로 든 두 사람 외에도 성학대의 기억을 떠올린 많은 여성들과 만나 실제로 기억해 낸 장면과도 만나 왔다. 이들은 그 경험을 완전히 망각했던 게 아니라고 여긴다. 누구나 어린 시절부터 자신의 스토리를 구축하면서 살아가는데, 아마도 성학대의 기억은 묻히기를 거부했던 것이다. 이질적인 공포와 충격에 빠진 기억은 뇌에서 처리되기를 거부한다. 트라우마란 그런 기억을 가리킨다. 또한 지배적 가족상 안에 아버지나 오빠가 자신의 신체를 성적으로 다루는 것은 편입시킬 방법이 없다. 성학대 같은 건 없다, 말도 안 된다는 전제하에 가족의 이야기가 만들어지기 때문에 이름조차도 붙이지 못한다.

이름 없는 기억은 시각, 촉각, 청각이라는 비언어적 기억으로 기억의 일부에 저장될 수밖에 없다. 뭔가가 다르다는 생각에 안정감을 잃고, 언어가 되지 못하는 기억을 끌어안은 채로 멍해지며(때때로 백치미냐며 웃음거리가 되기도 한다), 다른 세계에서 살고 있는 듯이 보이거나 때로는 다른 인격을 발현시키기도 한다.

자기自己의 통합이 비언어적인 외상적 기억(트라우마)에 저해당한다. 하지만 그 기억에는 어딘지 에너지가 느껴진다. 인격은 살아가는 과정에서 통합되어야 안정감을 얻고 살기에도 편하다. 외상적 기억이 지니는 에너지는 통합을 원하는 욕구라고 부를 수 있을지도 모르겠다.

기억이 되살아나려면 그것을 ① 이름 붙이고 정의하는 언어, ② 승인하는 타자라는 두 가지가 필요하다. 하지만 조건을 모두 갖추었다고 해서 되살아나지는 않는다. 어떠한 계기로 갑작스럽게 되살아난다. 두 여성처럼 일상생활을 하다가 상기하는 사람은 실제로 드물다. 혼란과 혼미가 일어나거나 자신을 상처 입히는 행위까지 내달리는 정신적 증상을 보이는 사람도 많다.

승인하는 타자란, 일반적으로는 우리처럼 지원해 주는 사람이지만, 때로는 집단 상담 같은 장소에서 함께하는 동료이다. 가족 중에 그런 타자가 존재하는 경우는 거의 없다. 승인을 하면 이때까지 가족 구성원이 끌어안고 있었던 가족 신화가 한순간에 무너져 버리기 때문이다.

상기한 뒤에 닥쳐오는 괴로움

이들은 경험을 조금씩 언어화하기 시작하여, 말해도 안전하다고 생각하는 타자를 향해 자신의 이야기를 한다. 이야기하면서 소급적으로 자신이 처했던 상황의 잔혹함을 재확인하게 되는데, 정리하자면 다음과 같다.

① 절대적 고립감

"TV에서 이라크 전쟁의 불길을 피하려고 도망치는 아이들을 보고 마음속으로 부럽다고 생각했어요."

이들은 때때로 그렇게 말한다. 평화로운 일본보다도 전쟁 중인 이라크가 낫다니, 언뜻 듣기에는 황당무계한 소리겠지만, 이 말이 전하는 진정한 의미는 절대적 고립감의 잔혹성이다.

전쟁터에는 많은 피해자가 존재한다. 때로는 감싸 주는 부모도 있을 것이다. 그런데 평화로운 가족애에 빠져 있는 집단에서 일어나는 학대에는 '동료'가 존재하지 않는다. 벽을 사이에 둔 이웃집에서는 평화로운 저녁 식사 시간이 흐르고 있겠지만, 자신은 그저 혼자일 뿐이며 도망칠 곳이라고는 아무 데도 없다. 감싸 주어야 할 부모가 학대를 행하는 세계의 역전 현상은 어린아이에게 과연 어떤 세계관을 보여 주고 있을까.

② 피해의 비문맥성

"마치 뇌가 튀어나오는 것 같았다고 할까요. 갑자기 교통사고를 당하거나 만화책에서 말풍선이 튀어나오는 것 같은 그런 경험이었습니다. 지금이니까 그렇게 표현할 수 있죠."

한 여성은 이렇게 말했다. 세 살 때 삼촌이 자신의 다리 사이를 핥았던 기억이 되살아난 것은 중학교에 들어가서였다.

왜 자신이 그런 행위의 대상이 되어야 했을까. 왜 삼촌은 그런 짓을 했을까. 왜 그 일을 부모에게 이야기하지 말라고 막았을까. 그런 질문들은 모두 수수께끼인 채로, 그 이전과 이후는 결정적으로 분리되어 문맥화되지 못한 채로 남았다고 했다.

이물질 같은 경험이 인생의 흐름을 막아 버린 상태에서, 시간을 동결해 살아가라고 강요당해 온 것이다.

많은 피해자는 이러한 비문맥성을 '자신이 이상한 아이였으니까', '내가 나쁜 아이여서'라는 궁극의 문맥화로 떠안는다. 그렇게 하면 문맥화하지 못할 일은 없기 때문이다. 하지만 모든 경험을 여기에 집어넣어서 문맥화하는 것은 자기부정과 존재의 무의미함을 동시에 느끼게 만든다. 이 감각은 강바닥을 흘러가는 물처럼 완만한 자살 욕구로 계속 잠재한다.

③ 죄책감

피해 아동은 성학대로 고통을 느끼기도 하지만, 스스로 어떤 쾌락을 체험하는 경우도 많다. 가해자의 성기 접촉으로 쾌락을 체험한 기억은, 떠오른 뒤에 피해자를 더욱 괴롭힌다. 자신이 피해자라는 일방적인 정의에 저항이 생기면서 '나도 좋다고 생각했다', '공모했던 게 아닐까', '혐오스럽고 더러운 자신'이라는 생각이 반복적으로 솟아나고 후술할 증상으로 이어진다.

④ 자기불신(자신의 기억에 대한 불신)

기억의 일부를 떠올리면 그와 동시에 '이게 다일까', '어쩌면 아직 생각나지 않은 기억이 더 있지 않을까' 하는 생각도 동시에 떠오른다. 이때까지 없는 줄 알았던 기억이 떠오르면, 지금 존재하는 기억마저 불확실해진다.

①에서 ④까지 설명한 절대적인 고립감, 비문맥성, 죄책감, 자기불신은 헤아릴 수 없을 만큼 무겁게 이들의 인생을 짓누르는 돌이다.

여기서 그러한 행위를 한 가해자(아버지, 오빠, 삼촌, 할아버지) 쪽으로 눈을 돌려 보자. 그들은 가해했다는 자각 따위도 없다. 그저 맛있는 과자를 먹거나 보기 드문 벌레를 손으로 잡듯이, 일상생활의 연장으로 한 행동이었을 뿐이다. 나쁜 짓을 했다는 자각도 없고 대개는 잊어버린다. 그러므로 피해자의 말을 완전히 부정하고, 거짓 기억이라며 단호하게 잘라 버릴 것이다. 잔혹하게도 피해자는 그들에게 과자나 벌레와 같은 존재가 된다. 저항하지 않았으니 합의했던 일이라고 생각하거나, 때로는 피해자를 귀여워해 주었다고 여기기까지 한다.

거짓 기억이라는 말을 사용해도 된다면, 그들 가해자의 기억이야말로 거짓이다.

생존의 과정

이처럼 성학대에 따라오는 고통과 고뇌 속에서도 피해자들은 살아간다. 어설픈 프로세스가 아니라, 그야말로 생존이라 할 만하다. 여기에는 많은 '수'가 필요하다. 기술이라고 부르기에는 너무나 서투르고 위험이 높으니, 수라고 부르고 싶다.

피해 경험을 떠올리자마자 시작되는 생존은 의도적·의식적 행위가 아니라, 한 인간으로서 통합된 자기를 실현하기 위해 모든 존재를 총동원해야 하는 일이다. 그 전형적인 모습을 약물의 존중 여성들에게서 볼 수 있다. 이들이 회복을 향해 가는 과정을 보며 배운 성학대 피해자의 생존 과정을 3단계로 나누어 기술한다.

① 몸과 자기의 분리

이들은 몸을 방해가 되는 것, 때로는 없는 것으로 치고 살아간다. 자신의 몸이 있기에 성적 대상으로 취급되었고, 성적인 대상이 된다는 것이 무엇인지 알며, 지나치게 일찍 성적 대상이 되어 버렸기 때문이다. 자의식이 생기기도 전에 자신의 몸에 타자가 침입해 버린 것이다.

이들에게 몸이란 아버지나 오빠가 가하는 성학대의 대상이었다. 만지고, 보고 그리고 강간하는 대상에 지나지 않았다. 때로는 연인에게 폭력의 대상이 되었다. 이들은 말한다.

"나한테 몸뚱이가 있으니까 맞고 강간당한 거다."

"나한테 몸은 불쾌한 것일 뿐이다."

그래서 이들은 자신과 몸을 분리한 채로 살아간다. 원초적인 생존이라고도 할 수 있는 이러한 수는 거듭되는 상처, 부주의한 사고 등을 동반한다.

물론 이미 기술한 해리적 증상도 따라붙는다. 마치 자신의 몸을 버리고 싶어 하듯, 도망치려면 도망칠 수 있었음에도 순간적으로 망설여 교통사고를 당하거나, 돌발적으로 뛰어내려 자살을 기도하는 등 무방비한 행동이 나타난다. 해리적 증상은 비틀비틀 걸으면서 모르는 역에 내렸다가 갑자기 내린 비에 젖어 귀가하는 것과 같다. 퍼뜩 정신을 차리면 옷이 젖은 채로 집에 돌아와 있는 것이다. 여러 명의 남성과 성행위를 하거나 성매매를 하는 경우도 있다.

또한 약물이나 알코올 남용은 신체 감각을 마비시키고 변용시켜, 일시적으로 몸의 분리를 성공시킨다. 이러한 성공 체험은 일종의 쾌락이 되어 약물의존증으로 돌진하게 만든다. 젊은 여성 약물·알코올의존증 환자 중에 성학대 피해자가 많은 이유도 여기에 있다.

② 몸을 되돌리기(자신에 대한 폭력)

자기와 몸을 분리함으로써 이들은 어떻게든 생존하지만, 동시에 엄청난 리스크를 낳고 때로는 생명의 위기마저 초래한다. 다음으로 이들은 한 번 떼어 냈던 몸을 되돌리려고 시도한다. 대표적인 수단이 자해 행위와 섭식장애이다.

자해 행위에는 머리카락 뽑기, 살가죽을 붙잡고 상처 내기, 샤프펜슬 끝을 손에 대고 서서히 찌르기, 칼로 허벅지에 상처 내기, 가슴 언저리나 목덜미 베기 등이 있다.

그중에서도 손목을 긋는 자해는 간편하고 상징적인 행위이다. 제일 베기 쉬운 부분인 손목에 칼을 가로질러 그으면 진홍색 피가 흘러나온다. 모두 칼만 가까이에 있으면 가능하다.

자신의 몸이라는 사실을 고통을 통해 확인할 수 있고, 언제라도 쉽게 흉터를 확인할 수 있는 부위라는 점도 중요한 요소일 것이다. 베는 행위만이 아니라, 남아 있는 흉터를 보고 사후에 시각적으로 확인할 수 있다는 점이 어떤 의미인지도 생각해 보아야 한다.

칸영화제 그랑프리를 수상한 미하엘 하네케 감독의 「피아니스트」(2001)에는 주인공 여성이 면도칼로 자신의 성기에 상처를 내는 충격적인 장면이 나온다. 주인공이 고통을 느끼고 흐르는 피를 보며 쾌감을 얻는다는 점에서는 똑같다. 몸에 스스로 상처를 내어 벌을 줌으로써, 자신이 몸을 완벽하게 통제하고 있다는 지배 감각을 얻는다. 이들은 이렇게 몸을 되돌린다.

섭식장애는 거식, 과식과 구토, 씹다가 뱉기, 설사약 남용 등 다양한 증상을 총칭한다.

습관적으로 반복되는 이 기묘한 섭식 행동은, 여성으로 성숙하기를 거부한다고 보는 성숙거부설, 어머니와 겪는 갈등을 지적하는 모녀갈등설, 젊은 여성에 대한 사회의 요구에 주목하는 젠더 이론적 접근, 기벽의 일종으로 보는 중독설 등 다양한 입장에서 논의되어 왔다. 증상이 나타나는 사람 중에 압도적으로 여성 비율이 높다는 점에서 젠더적 관점을 빼놓아서는 안 될 것이다.

자해 행위와 공통점이라면 몸을 자신이 바라는 대로 통제(마른 상태를 유지)하려는 목적이라는 점이다. 식욕과 싸우면서 매일 아침 손목의 굵기를 확인한다.

거울에 비친 자신의 몸을 체크하며 추하게 살찐 몸이 아니라는 점을 확인한다. 몸에서 발현되는 욕구를 적대시하면서 완벽하게 통제하려고 한다. 사실은 적대하고 억압함으로써 몸에서 나타나는 반발을 감지하는 것이다. 그렇게 자신의 몸을 철저히 통제하고 몰아붙이는 방법 외에는 자신의 몸을 되돌릴 방법이 없는 것이리라.

③ 자신과 몸을 통합시키기

몸을 되돌리려고 신체적으로 몰아붙이는 행위는 생존이면서 한편으로 생명의 위기를 불러온다. 가시밭길이지만 그 외에는 생존할 길이 없다. 최종적으로 이들은 약물을 끊고, 손목을 긋는 행동도 멈추고, 먹다가 토하는 짓도 멈춤으로써 살아남는 수밖에 없다. 우리 지원자들의 역할은 이 단계에서 가장 필요하다.

여기에 남겨진 것은 과거 성학대의 대상이었던 몸을 지닌 자신과, 칼로 그은 흉터가 있는 손목이다. 처음으로 이들은 자신의 경험과 똑바로 마주해야 한다. 고통을 고통으로서 느끼기를 강요받는다. 그러지 않으면 역시 살아남지 못하기 때문이다. 이 시기의 여성들은 종종 기묘한 컨디션 악화나 우울증으로 괴로워한다. 어떻게 몸과 잘 지내면 좋을지, 신체 감각에는 어떻게 이름을 붙이면 좋을지를 하나씩 해치워 나가는 것이다. 이를 위해서는 언어를 획득해야만 한다.

생존에는 집단, 즉 동료의 존재가 필요하다. 가족에게 상처를 받고 몸을 분리시켜야 살아갈 수 있었던 이들은 가족 외의 인간관계를 얻음으로써 다시 살아갈 수 있다. 같은 고통을 안고 있는 여성, 같은 과정을 거쳐 생존해 온 여성들이 바로 동료이다.

내 몸은 내 것이라는 단순한 언어를 당연하다는 듯이 말할 수 있다는 게 얼마나 소중한지, 이들이 누구보다 잘 알지 않을까.

최대 과제는 '가해자'에 대한 대처와 처우이다

시민사회의 범죄에 따른 가해·피해와 가족 내 범죄의 가해·피해는 크게 다르다. 부모자식 관계는 친권을 정지시키지 않는 한 계속 이어진다. 부부관계 역시, DV가 일어난다고 해서 모두 끝나지는 않는다.

학대 문제에서 가족의 재통합을 꾀하려는 시도가 일어나고 있는데, 여기서 최대 쟁점은 '가해자'에 대한 대처와 처우일 것이다. 피해자가 오랜 기간에 걸쳐 목숨을 부지하려고 어떻게 혹독한 나날을 버텨 왔는지는 앞서 설명했다. 하지만 학대를 행사했던 남성(아버지나 오빠, 할아버지)은 평온한 일상을 보내는 데에 아무런 지장도 받지 않는다. 이러한 불평등을 어떻게 해소할지가 최대 과제이다.

DV 가해자 프로그램에 관여하고 있는 내 입장에서 한 가지 강조한다면, 최소한 그들에게 피해자의 고통이 어느 정도인지를 정확하게 전달하고 책임이 그들에게 있음을 제시할 필요가 있다. 그들이 책임을 받아들일 각오를 보이고 사죄한다면 가족은 간신히 붕괴를 피할 것이다.

책임을 회피하거나 폭력이 발생했던 관계가 되살아나서는 결코 안 된다. 그러려면 폭력으로 분명히 정의하고, 피해자성을 구축하며, 나아가 '가해자'성을 구축하는 프로세스가 필요하다.

낭만적 사랑 이데올로기의 해체와 비폭력 가족의 가능성
원하든 원하지 않든, 가족을 형성하는 순간에 권력을 손에 넣는 남성(남편·아버지)에게는 폭력 예방의 책임이 발생한다. 아이를 낳는 순간부터 법 밖의 권력을 손에 넣는 어머니에게도 마찬가지 책임이 발생한다. 물론 개인의 문제로만 돌릴 수는 없다. 대

전제로서 젠더 불평등부터 시정되어야 한다. 세계경제포럼의 '글로벌 젠더 격차 보고서 2020'에서 일본의 젠더 공정성을 나타내는 지수는 153개국 중에서 121위였다. 2006년 첫 조사 당시에 97위였음을 떠올려 보면 이렇게 떨어졌다는 사실에 놀라야 할 상황이다.

하지만 아버지·어머니·자식의 삼각형으로 구성되는 근대 가족에서 권력과 폭력을 예방하는 장치가 과연 가능할까. 가족 안에서 가장 약하고 작은 존재의 안전을 지키려면 무엇이 필요할까. 이미 미국이나 캐나다에서 실시하고 있는 가족 폭력에 대한 엄벌주의적 정책 대응을 배울 필요가 있다.

또 한 가지 가능성은 근대 가족을 지탱하는 낭만적 사랑 이데올로기의 해체이다. 사랑·성·생식의 삼위일체설에서 한 꼭짓점을 무너뜨림으로써 폭력을 예방할 수 있지 않을까. 생식의학이 진보하여 다음 세대 재생산의 가능성이 확장되면, 동성 가족도 형성할 수 있을지 모른다. 공유주택에서 보듯, 이제는 개인의 집합체인 주거 형태도 생겨나고 있다.

친밀한 관계의 위험성을 깊이 이해하고 이를 피해 폭력을 예방하려 한다면, 남녀·부모자식 관계가 가족을 구성한다는 근대 가족의 기본 자체에 다시 질문을 던질 필요가 있다. 개인이 안전하게 살기 위한 그릇이 가족이라면, 좀 더 다양하고 독창적인 가족이 생겨나도 좋을 것이다. 반려동물과 사는 사람, 남자친구, 여자친구 관계로 사는 사람 등. 모두 다 "이것이 가족이다"라고 말하면 그게 가족이 된다. LGBTQ라는 성적 다양성을 존중하자는 움직임이 가족의 존재 방식을 변화시켜 나가리라 믿고 싶다.

저출산과 비혼이 문제가 된 지 오래지만, 삼십 대를 중심으로 하는 세대의 동향은 가족의 미래상을 암시하고 있는지도 모른다.

"몰랐더라면 더 좋았겠다"라고 중얼거렸던 여성들은 어느 쪽을 향해 나아가고 있을까. 상담자로서 나의 역할은 그 여성들이 "알게 되어서 다행이다"라고 말할 수 있도록 인생의 한 시기를 같이 달리는 일일지도 모르겠다.

(이 장에 등장하는 여성들은 상담을 통해 관계 맺은 사람들을 재구성하였다. 실제 인물들이 아니라는 점에 양해를 부탁드린다.)

3장　DV 지원과 학대 지원 사이

만능열쇠 같은 "가족을 위해"라는 말

매일 우리가 다양한 매체에서 보는 가족은 대부분 균일화되어 똑같은 표상으로 제시된다. "가족을 위해"라는 말은 어떤 보안 장치라도 열 수 있는 ID 카드나 만능열쇠와도 같다. 하지만 똑같은 말을 사용하더라도 전혀 다른 배경과 생각에 기반을 두고 있는 경우를 우리는 종종 경험한다.

2007년 당시의 총리 아베 신조는 '가족·지역의 유대를 되살리는 국민운동'을 제안하며 11월 세 번째 일요일을 '가족의 날'로 정했다. 그 전후 일주일을 '가족 주간'으로 두고 지방자치단체 등을 독려해 가족의 유대를 강화하는 공보·계발 활동을 시행하기로 했다. 원래 11월은 내각부의 DV 방지 캠페인이 시행되는 시기이며, 후생노동성이 주도하는 아동학대 방지 추진의 달이기도 했다.

당시 이 세 가지 움직임은 11월에 동시에 공연하는 연극 경연 같아 보였다. 각자 붙여 놓은 공연 포스터만 보면 모두 '가족'을 주제로 하고 있으니 대체 뭘 봐야 할지 망설이게 될 것이다. 극단 내각부, 극단 후생성, 극단 자민당으로 극단명은 제각각인 가운데, 화려한 포스터가 있다면 작고 아담한 포스터도 있다. 돈깨나 있는 극단이 있다면 가난한 극단도 있다. 그렇다면 극의 내용은 어떻게 다를까. 세 가지는 각각 다를 뿐만 아니라 서로 어긋나기까지 했다.

'가족의 날'에 이르는 역사

'가족의 날'과 '가족 주간'의 배경에 대해 알아보자. 2006년 내각의 총리로 선출된 아베 신조는 자민당 간사장 대리였던 전년도에 자민당 내 '과격한 성교육·젠더프리gender-free 교육 실태조사 프로젝트 팀'을 조직했고, 같은 해 4월에는 홈페이지에서 조사를 시행했다. 당시의 조사 목적에는 '학교 교육 현장의 과격한 성교육·젠더프리 교육의 실태를 조사해, 당 및 정부의 정책에 반영하겠습니다'라고 쓰여 있었다.

이러한 흐름의 일환으로 여자다움과 남자다움을 존중하고 일본의 바람직한 가족 전통을 강조하는 '가족의 날'이 탄생했다. 총리가 주도했던 프로젝트 팀은 이후에 젠더라는 말을 배제하자고 주장했고, 동조하는 국회의원들을 중심으로 한 운동이 전국 지방자치단체까지 퍼졌다. 이른바 젠더프리 배싱gender-free bashing이라고 불린 일련의 움직임 속에서, 도서관에서는 제목에 젠더가 들어간 서적들이 배제되는 사태도 발생했다.

참고로 나와 우에노 지즈코 씨의 대담집 『결혼제국』結婚帝国·女の岐れ道(2004)이 후쿠이현 생활학습관 도서실에서 완전히 배제되었던 일이 있었다. 이른바 '후쿠이 분서갱유 사건'이다. 당시의 프로젝트 팀에는 전 방위대신 이나다 도모미稲田朋美[1]도 참가하고 있었다. 일본의회로 상징되는, 현재에 이르는 반동의 흐름과 명백히 이어진다.

가족이라는 친밀한 관계의 장은 어느 세계나 똑같지 않다. 부모자식의 정도 만고불변이 아니며 시대의 흐름과 사회 변동에 영향을 받아 크게 변모한다. 그리고 가족 형태의 가능성을 구상하는 과정에서 정치적 대립이 생겨나, 때로는 정반대의 주장이 분분한 경우도 있다.

DV와 아동학대는 상담 창구가 다르다

극단 자민당 이외의 연극은 어떠했을까.

후생노동성 극단의 '아동학대 방지 추진의 달'이라는 연극과 내각부 극단의 'DV 방지 캠페인'이라는 연극이 있다. 전자는 나

---

[1] 법조인 출신의 여성 중의원으로, 난징대학살이나 위안부 문제 등을 부정하고 매년 야스쿠니 신사를 참배하는 등 극우 성향을 공공연하게 드러내는 인물이다. 2016년 8월부터 약 1년간 방위성 대신(국방장관)을 수행했으며, 아베 총리가 차기 총리 후보 중 한 사람이라고 밝힐 정도로 최측근 관계였다.

름대로 돈이 있어 커다란 극장에서 공연을 개최한다. 무엇보다 아이들을 학대에서 보호하자는 주제 의식은 관객 대부분에게 공감을 불러일으키기 때문에 관객 동원력에서는 후자에 비할 바가 아니다. 그야말로 남녀노소가 우르르 몰려들고, 때로는 행사장에서 눈물짓는 사람도 있다.

그런데 후자인 내각부 극단은 그 정도로 자금이 풍부하지 않고, 극단원도 '남녀공동참획센터',[2] '부인상담센터' 등 '여성'이라는 단어가 두드러지는 사람들로 구성된다. 그런 탓인지 관객도 여성이 많고, 어쩐지 필사적으로 애쓰는 분위기가 눈에 띈다. 남성 대부분은 극의 제목 자체를 경원시하는 듯, 극장에 가까이 오지도 않는다.

비유적으로 설명했지만, 나만의 창작이 아니라 현 실태를 그대로 표현했을 뿐이다. 상담자로서 매일 이 두 극단의 괴리, 무관심, 상호불간섭 등을 실감하고 있기 때문이다. 지원 활동과 관련이 없는 많은 사람들에게는 놀라운 일일지도 모른다. DV와 학대는 똑같이 가족 안에서 일어나는 폭력인데, 두 가지가 어떻게 따로따로 취급되는가 하고 말이다.

실태의 일부를 살펴보자. 우선 DV 상담 창구와 아동학대 상담 창구는 별개이다. 전자는 지방자치단체에 설치할 의무가 있

---

2 일본에서는 '성평등'보다 '남녀공동참획'이라는 표현을 많이 사용하는데, 참획(参画)이란 단순한 참여를 넘어서서 정책의 기획과 결정에 적극적으로 관여한다는 의미이다.

지만, 독립된 창구가 아니라 스토킹 대책실 안에 있거나 인권 부서의 한쪽 구석에 있다. 대응하는 사람도 말로만 전문 인력일 뿐, 비상근 겸임직이다.

각 현 등에 설치되어 있는 남녀공동참획센터는 1999년에 제정된 남녀공동참획사회기본법에서 출발했다. 센터마다 공들여 의미를 조합한 이름(애칭)이 있다. 아스바루ぁすばる, 오뎃테オデッテ, 스피카スピカ, 데이루루ているる 등 각기 다른 이름이라, 여간해서는 기억하기 어렵다. 모두 DV 상담 창구이기는 하지만, 한정된 활동만 가능하다. 이야기를 들을 수는 있어도, 남편 곁에서 도망치도록 하는 구체적인 개입은 부인상담소가 실행한다.

부인상담소는 매춘방지법 34조에 근거하여 설치되었지만, 현재는 배우자폭력상담지원센터의 기능을 담당하는 시설 중 하나이다. 신변에 위험을 느낄 정도로 남편에게 폭력을 당하는 여성은 배우자폭력상담지원센터에 전화를 걸어야 한다. 성폭력의 경우는 한곳에서 일괄적으로 처리하는 원스톱 센터가 각지에 생겨나고 있지만, DV는 그렇지 않다.

한편, 학대는 아동상담소가 모두 담당한다. 학대가 아닐까 싶으면 '의심만 들어도 신고하기'가 방침이기 때문에 매일같이 신고가 쇄도한다. 도쿄도 같은 대도시의 경우에는 DV와 학대 상담 창구가 각각 다른 건물에 있어, 관계자가 서로 얼굴을 마주할 일도 없다. 어쨌든 관할 부서가 완전히 다르기 때문이다. 학대는 후생노동성의 고용균등·아동가정국이 관할하고, DV는 내각부 남녀공동참획국 추진과가 관할한다.

그런데 지방 도시의 공공 기관은 같은 건물을 사용하는 경우가 많기 때문에, 두 부서가 같은 건물에 있는 일도 드물지 않다. 때로는 같은 층에 있는 경우도 생긴다. "어이" 하고 말을 걸면 들릴 거리이니 DV와 학대 담당자가 서로 협력하지 않을까 생각한다면 오산이다. 같은 층에 있어도 시스템상 업무 교류는 별로 없다고 봐야 한다.

소규모 자치단체의 경우, 전년도에는 학대 담당이었다가 올해부터 DV 담당으로 이동하는 일도 있다. 아이를 학대했던 아버지와 빈번하게 전화 연락을 하다가도 그가 아내도 동시에 구타해 왔음을 알게 되면 바로 연락을 끊는다. 이는 DV 상담 관할인 데다가, 피해자를 건너뛰고 가해자와 접촉하는 건 위험하다고 보기 때문이다.

이처럼 부자연스럽고 기묘한 현상이 분명 일본 전체에서 일어나고 있을 것이다. 소관 부서의 차이에 따른 수직적 행정이 반영된 탓이다. 하지만 이유가 그뿐이라고 보기는 어렵다. 더 깊은 이유가 있지 않을까.

깊은 골

이러한 현상은 일본만의 특수한 문제가 아니다. 2003년 나는 내각부 남녀공동참획국 추진과에서 조직한 'DV 가해자 갱생에 관한 조사연구' 연구회 워킹그룹의 일원이 되었다. 사실 이 경험은 내게 큰 분기점이었다. 그때부터 현재에 이르기까지 캐나다 온타리오주와 브리티시컬럼비아주를 몇 차례나 방문하면서 DV 가해자 대책을 배웠다. 그 뒤 오스트레일리아도 방문해, 마찬가지로 DV 가해자 대책과 DV 피해를 입은 어머니 및 자녀 지원 대책을 조사했다. 두 나라의 DV 대책은 법률 정비, 충실한 프로그램, 풍부한 예산 등 모든 면에서 일본보다 훨씬 앞선 수준이었다.

하지만 캐나다와 오스트레일리아에서도 DV 전문가와 아동 학대 전문가 사이에 깊은 골이 있음을 알게 되었다. 내가 만난 DV 전문가들은 그러한 골을 전제로 두고 어떻게 극복해 냈는지를 이야기할 정도였다.

2005년 캐나다 온타리오주 런던시를 방문했을 때, 가정 법원 클리닉의 소장 린다 베이커 씨는 1980년대에 미국에서 연수를 담당했던 경험을 이야기해 주었다.

"많은 청중이 모인 행사였는데, 한가운데에 있는 의자 한 줄만 비어 있더군요. 그 오른쪽은 학대 관계자, 왼쪽은 DV 관계자, 깔끔하게 둘로 나뉘어 있었죠."

나는 진작부터 일본의 상황을 우려하고 있었는데, 이 이야기를 듣고 '미국도 그랬다고?' 하며 놀라고 말았다.

2009년 오스트레일리아를 방문했을 때는 시드니와 브리즈번에서도 학대 관계자와 DV 전문가가 좀처럼 잘 연계되지 않는다는 말을 여러 번 들었다. 그들도 왜 골이 있는지 불만스러워만

하지 않고, 오히려 그런 상황을 전제로 해서 골을 어떻게 메워 나갈지 고민하는 것이 선결 과제라고 생각하고 있었다.

전국에 넘쳐 나는 학대 사례

아동학대 방지 캠페인의 상징은 오렌지색 리본이고, DV 방지 캠페인의 상징은 보라색 리본이다. 둘 간의 차이는 리본 색까지 바꾸어 놓았다. 하지만 언제까지 탄식만 하고 있어서는 곤란하니, 우선 그 배경을 생각해 보자.

어느 젊은 부부와 한 자녀로 구성된 가공의 가족을 예로 들어 보겠다.

23세의 아키오는 아내인 미네코와 반년 전에 혼인 신고를 했다. 고교 졸업 후 파친코에서 아르바이트를 하다가, 이자카야에서 아르바이트를 하던 고등학생 미네코를 알게 되었다. 아키오의 어머니는 세 번째 남편과 동거하고 있었다. 아키오와는 아버지가 다른 두 남동생이 있지만 한 명은 공갈죄로 소년원에 들어가 있고, 세 번째 아버지는 술버릇이 지독해서 조금만 마음에 거슬리면 아키오를 때렸다. 도가 너무 지나쳐, 그런 상황에서 벗어나려고 식칼을 한번 들이댔더니 조금 얌전해졌다.

미네코의 가정도 비슷했다. 아버지는 제대로 된 직업을 갖지 못한 채 파친코에 드나들다가 가끔씩 토목공사장에서 일하며 살고 있었다. 어머니는 파트타임으로 두 가지 일을 하며 남편에 대한 불평을 늘상 미네코에게 쏟아 놓고는 했다. 좁은 공동주택에서는 학교에 가지 않는 남동생이 대낮부터 빈둥거렸고, 집에 돌아와도 자기만의 방 같은 건 꿈도 꾸지 못했다.

두 사람은 처음부터 마음이 맞았고 집을 나가고 싶다는 심정도 똑같았다. 미네코가 고등학교를 졸업함과 동시에, 두 사람의 아르바이트 소득을 합치면 빠듯하게 감당할 수 있는 셋집을 구해 동거하기 시작했다.

아키오는 미네코가 피임하자는 말을 하면 싫어했다. 미네코는 아키오에게 버림받을까 두려웠고 자기주장을 하면 바로 폭력을 휘두르는 것도 싫어서 늘 아키오가 말하는 대로 했다. 얼마안 가 임신했음을 알게 되었다. 이미 4개월이나 지난 상태였다. 미네코는 "중절 수술을 받고 싶다"고 했지만 아키오는 "그런 돈이 어디 있냐"고 일갈할 뿐이었다.

본가의 어머니에게 의논해 봤지만 "여자애가 되어서 행실이 지저분하다"는 말만 들었다. 귀찮기도 해서 그냥 있었더니, 이자카야에서 "배가 점점 불러 와서 못 쓰겠다"며 미네코를 해고해 버렸다.

그래도 아키오는 휴일도 없이 열심히 파친코에서 일을 했고, 혼인신고를 하면 이런저런 수당이 나온다는 말에 구청에 가서 혼인신고도 했다.

한 달 뒤 건강한 아이가 태어났다. 미네코는 출산 한 달 뒤부터 술집 접대부로 나가게 되었다. 매일 육아만 하는 게 지겨웠고 사람을 만나지도 못했기 때문이다. 본가의 어머니는 손자를 한

번도 보러 오지 않으면서 "저이가 할아버지 소리를 듣기가 싫다고 하네" 하고 새침한 말투로 이야기할 뿐이었다.

그즈음 아키오는 시비 거는 손님을 때렸다가 합의하는 조건으로 파친코에서 해고되었다. 미네코가 자고 있는 낮 동안에는 항상 친구와 게임장에서 놀았지만, 저녁 무렵이 되면 아이를 돌보러 귀가해야 했다. 자유롭지 못한 생활에 불만을 느끼던 아키오는, 동이 틀 무렵에 술 냄새를 풍기며 집에 돌아오는 미네코를 때렸다.

"아키, 안 돼. 때리지만 마. 손님이 멍든 걸 보면 안 된단 말이야. 이걸로 먹고살잖아."

방구석에서 맞던 미네코는 그렇게 중얼거렸다.

생후 8개월 아기의 두개골이 함몰되어 학대치사 용의자로 체포된 아키오는 조사를 받으면서 기가 죽은 기색도 없이 이렇게 말했다.

"마누라가 밤일을 하러 나가고 내가 아이를 봤다고요. 보세요, 힘들지 않겠냐고요. 애는 밤새도록 계속 울지, 내가 젖을 줄 수 있는 것도 아니고. 그래서 짜증이 나더라고요. 아무리 흔들어도 그 자식이 울음을 안 그치니까…. 그래서 무심코 버릇 좀 고치려고 때렸더니 축 늘어져 버렸어요. 진짜예요, 전부."

늘어져 있던 아이를 발견해 경찰에 신고한 사람은 미네코였다. 경찰관에게 체포당하는 아키오를 보며 미네코는 격렬하게 울부짖었다.

"아키, 미안해. 정말 미안해. 기다리고 있을게. 아이는 또 낳으면 되잖아."

이런 젊은 커플은 틀림없이 일본에 얼마든지 있을 것이다. 나는 이 부부를 묘사하면서, 다르덴 형제가 감독한 「더 차일드」라는 영화를 떠올렸다. 그 영화도 빈곤과 원가족의 붕괴 속에서 아이를 키우는 젊은 부부의 모습을 묘사했다. 나라가 달라도 선진국의 최빈곤층 약자들은 얼마나 서로 닮았는가.

우리 카운슬링센터를 방문하는 사람들은 어느 정도 경제력을 갖춘 편이라 이러한 사례와 마주하는 경우가 별로 없지만, 공적인 지원 기관에서는 드물지 않다. 특징은 DV와 학대가 혼연일체를 이루고, 등교 거부, 히키코모리, 약물, 지적장애 등의 문제가 산더미처럼 쌓여 있다는 점이다. 게다가 가족 중에 아무도 '괴롭다'고 느끼지 않는다. 괴롭다고 여기지 않으면 문제로 부각되지 못하고, 이 사례처럼 더 약하고 무력한 존재가 죽임을 당하기까지 방치된다. 남들의 눈에 띄지 않는 가족이라는 공간이야말로 폭력과 성을 둘러싼 규칙은 완전히 무시된다.

보도에서는 학대만 선택해 강조한다

혼돈에 빠진 가족에서 어떻게 DV와 학대를 해부해 낼 수 있을까. 불가능하다고 본다. 그런데 일단 미디어가 이런 사건을 보도하면 양상은 완전히 달라진다. 아마도 신문이나 TV는 이렇게 전달할 것이다.

"생후 8개월 아이가 또 학대로 사망했습니다. 비극은 어떻게 일어났을까요. 용의자인 친부는 실업 상태로 매일 친모를 대신해 아이를 돌보았습니다. 친모는 매일 밤 일을 하느라 부재중이었다고 합니다. 이날도 밤새 우는 아이를 혼자서 달래려다, 버릇을 고칠 생각으로 아이를 때렸다고 진술했습니다."

여기에는 아이를 돌보지 않고 일을 하러 나간(그것도 심야에) 친모에게 암묵적으로 책임을 지우는 뉘앙스가 어려 있다. 여론은 어머니의 책임론, 그리고 익숙지 않은 육아를 맡게 된 아버지를 향한 동정론으로 이끌려 갈지도 모른다. 너무나 이해하기 쉽고 누구나 고개를 끄덕이도록 재구성된 이야기 속에는 그가 아내를 때렸다는 점도, 두 사람의 부모가 바로 근처에 살고 있지만 아무런 도움을 주지 않았다는 점도 드러나지 않는다.

이처럼 가족 안의 폭력에서는 학대만 선택되어 강조된다. 피해자인 아이는 순진무구하고 무력한 존재인 데다가 부모를 선택해서 태어나지 않았기 때문이다. 이만큼 압도적인 면책성이 있을까.

그에 비하면 DV, 즉 아내에 대한 폭력은 다르다. 피해자인 아내는 성인이고 도망칠 자유가 있었다. 남편과는 합의하에 결혼했고 선택의 책임도 아내에게 있다. 게다가 부부는 '대등'하니까 그렇게까지 맞은 데는 아내에게도 잘못이 있을 거라고, 상식으로는 틀림없이 이렇게 보일 것이다. 학대와 비교해 DV에서는 아내의 책임을 둘러싼 복잡한 설명이나 이론화를 거치지 않으면, 여성들이 피해자라고 목소리 높이기가 어렵다.

폭력이란 가해·피해를 낳고, 가해=악=유책有責, 피해=선=면책免責이라는 도식으로 이어진다.

미디어의 역할 중 하나는 세계의 명료성을 보증하는 것이다. 미디어가 많은 사람들의 불안을 덜어 주기 때문이다. 어떤 사건을 이해하기 쉽게 인과론으로 해설하고, 세상에 수수께끼 따위란 없음을 표명한다. 20년 전에는 아직 미디어가(독자 역시) 수수께끼를 껴안고 있더라도 어느 정도 용인되었지만, '마음 속 어둠'心の闇[3]이라는 단어가 등장하면서 점점 미디어도 이해하기 쉬운 쪽으로만 내달리고 있다.

DV와 학대 보도에서 나타나는 태도의 차이도 시대를 반영하는 게 아닐까. 그런 점에서는 학대가 훨씬 이해하기 쉽기 때문이다.

'부모의 사랑'이라는 신화

또 한 가지 이유를 이야기해 보자.

어린아이가 살해당하는 사건은 종종 여론을 환기한다. 세계의 명료성을 보증하는 미디어가 가해자의 죄악을 부각시키기 때문이다. 이토록 이해하기 쉬운 선악의 판단은 없다. 따라서 아동학대를 막자는 데 반대하는 사람은 없다.

---

3 마음이 어지러워 이성적인 판단을 하기가 어렵다는 의미이다.

하지만 일본에서는 이러한 선악의 판단조차 1990년대를 맞기 전까지 커다란 벽에 가로막혀 불가능했다. 그 벽이란 '부모의 사랑'이라는 신화이다. 예컨대 『거인의 별』巨人の星이라는 만화[4]는 부모자식 간의 사랑을 다룬 작품처럼 보이지만, 호시 잇테쓰가 아들 휴마를 대하는 잔혹하기까지 한 처사는 학대라고 볼 수도 있다.

가해자인 아버지는 '버릇을 고칠 작정'이라고 말한다. 거짓말은 아니다. 세상의 얼마나 많은 부모들이 버릇을 고친다는 명목으로 자신의 울분을 풀고 아이에게 화를 터뜨리는가. '부모가 아이를 미워하거나 죽일 리 없다', '어떤 아이라 해도 진짜 부모는 자식을 사랑하고 애정을 쏟는다'는 신화 때문에 이런 부모들의 무절제한 행동은 제대로 보이지 않았다. 부모가 갖는 크고 강력한 권력은 이 신화가 담보해 왔다. 아이의 입장에서는 어떻게 받아들일까 하는 의문이 발생할 여지조차 남기지 않았다.

아이에 대한 절대적 권력에 무자각한 부모들

앞선 예에 나온 젊은 아빠도, 술집 접대부로 일하는 젊은 엄마도 부모가 되는 순간, 사회에서 부여받는 것이 있다. 아이라는 존재

---

4   1966년부터 1971년까지 주간 『소년 매거진』에 연재된 가지와라 잇키(梶原一騎) 작가의 소년 야구 만화. 애니메이션으로도 제작될 정도로 일본 전역에서 큰 인기를 얻었다. 어린 시절부터 선수 출신 아버지에게 맹훈련을 받으며 자란 주인공 호시 휴마가 역경을 딛고 프로 야구 선수로 성장하는 이야기이다.

에 대한 절대적인 권력이다. 부모가 폭력을 휘두르거나 방임하여 아이의 생명이 위험하면 틀림없이 누구라도 아이를 구해야 한다고 생각할 것이다. 그런데 남편의 폭력으로 생명의 위험이나 정신적 위기에 빠진 아내에게는 대부분 '여자한테도 원인이 있겠지', '여간한 일이 아니고서는 그렇게 심한 짓을 하지 않을 텐데', '남자는 손바닥 위에서 굴리면 되는 거'라며 오히려 비판이 집중된다.

즉 무조건적 약자인 아이에 대한 폭력은 절대악이지만, 아내에 대한 폭력은 그렇지 않다. 대등한 성인이고, 도망치려고 하면 분명히 도망칠 수도 있다고. 아이와는 달리 판단력이 있고 부부는 대등하니까, 둘 사이에 일어나는 이런저런 일들은 부부끼리 해결하면 된다고. 표면적인 남녀평등 원칙을 근거로 삼는 사람일수록 이렇게 생각하는 경향이 있다.

하지만 현실에서는 아내에게는 무슨 짓을 해도 되고, 여자 주제에 남자에게 말대꾸를 하다니 용서해서는 안 되며, 여자는 남자보다 열등한데도 건방지게 행동했으니 맞아도 싸다고 여긴다. 불평등, 여성차별, 여성혐오에 기반을 둔 폭력이 가족 안에서 분명히 드러나는 것이다. 아이는 명백히 어른보다 약하지만, 여러 불평등 속에 있는 여성 역시 약자의 위치에 있음은 DV의 사례를 보면 명확하다. 하지만 남성들이 자신들의 권력성을 과연 쉽게 깨달을까.

4장 'DV를 목격한 자녀'가 낳은 것

이 장에서는 DV를 역사적 시점에서 파악해, 가해자·피해자에 대한 대응을 간결하게 기술할 것이다. 이를 통해 아버지·어머니·자녀를 시야에 넣은 DV의 포괄적 지원 가능성을 살펴보고 싶다.

역사 1. 가족의 폭력은 없었다

가해·피해라는 단어는 언제부터 임상심리학과 정신의학에서 사용하기 시작했을까. 나는 가해·피해라는 판단의 패러다임을 사법forensic 모델이라고 부르는데, 일본의 지원 세계에 사법 모델이 들어온 것은 1995년 이후로 본다. 이전에는 현실에서 일어나는 폭력보다 그에 동반되는 심리나 내면을 대상으로 했다.

1990년 즈음이었을까, 한 학회 심포지엄의 연단에 늘어선 저명한 강연자들이 성학대를 여성의 망상으로 단정했던 일을 기억한다. 아마도 훨씬 전부터 그래 왔으리라. 가해·피해 패러다임에 기반을 두고 '성학대'라고 정의하지 않는 한, 피해도 존재하지 않는 것이 된다.

역사 2. PTSD의 탄생과 베트남 전쟁

가해·피해 패러다임 자체가 지원 분야에서 일반화된 것은 베트남 전쟁 후 미국에서였다. 사상 처음으로 미국이 패배했던 베트남 전쟁은 국가 재정 적자와 무수한 귀환병을 낳았다. 귀환병들에게는 심신의 장애 문제뿐 아니라 가족 내 폭력과 약물·알코올 문제도 격증했다. 귀환병 치료가 국가의 책임임을 명확히 하기 위해 PTSD(외상 후 스트레스 장애)라는 진단명이 1980년 DSM-Ⅲ(정신질환 진단 및 통계 편람)에 등장했다는 사실은 잘 알려져 있다.

그 이면에 또 한 가지 움직임이 있었음을 지적해 두어야 한다. 친밀권親密圈인 가족 안에서 오랜 기간에 걸쳐 반복적으로 폭력을 당한 여성들을 구하기 위해, 페미니스트 여성 정신과의사들을 중심으로 복잡성 PTSD라는 진단명을 추가하려는 운동이 일어났다.

'국가의 폭력=전쟁 피해자 구제'와 대척점에 있는 '친밀권=가족 내 폭력 피해자 구제'가 미국정신의학회에서 PTSD라는 진단명을 둘러싸고 동시에 시도되었다는 사실은 매우 흥미롭다. 이들은 몸이 외상을 입으면 마음도 외상을 입는다고 호소했지만, 결국 DSM-Ⅲ에는 추가되지 못했다. 어디까지나 특정 가능한 사건으로 일어나는 트라우마에 한정되었기 때문이었다. 그 뒤, 복잡성 PTSD는 2018년 WHO가 채택한 국제질병분류 11판 ICD-11에는 복잡성 PTSD c-PTSD로 정식 추가되었다.

역사 3. 1995년, 일본의 전환기

유소년기의 트라우마가 범죄나 정신질환의 원인이라는 속설은 일본에서도 1980년대부터 사이코 호러 작품을 통해 서서히 퍼지기 시작했다.

1995년 1월 한신·아와지 대지진, 3월 도쿄 지하철 사린 테러 사건 이후 일본인들은 건물이나 도로만이 아니라 사람의 마음도 피해를 입었음에 공감했고, 트라우마라는 단어는 미디어를 통해 더 널리 퍼져 나갔다. 1996년 '어덜트 칠드런' 붐은 부모자식 관계에 가해·피해 패러다임을 가지고 들어가면서 일어났다고 해도 무방할 것이다. DV와 학대는 이렇게 가시화되기 시작했다.

가해자는 피해자에게 책임을 져야 하는 존재

가해·피해라는 패러다임은 피해자 지원에서 탄생했다. 범죄 여부의 판단은 사회 정의라는 질서 유지를 위해서지만, 피해자 구제의 의미도 포함한다. 따라서 DV라고 이름 붙이는 일 자체가 피해자 지원을 의미한다.

책임은 100% 가해자에게 있고 피해자에게는 책임이 없다는 압도적 비대칭성에 근거하기 때문에, 기존 심리 분야에서 말하는 '중립성'과 어딘가에서 부딪힌다. 하지만 학대·DV라고 정의하는 단계에서 피해자의 입장에 서는 것 외의 선택지는 없어지고, 중립성이란 피해자의 입장을 의미하게 된다. 이 점이 가해자에 대한 접근(가해자 임상)의 핵심이다. 지원하는 사람의 위치성이 여기서 벗어난다면 애초에 접근하는 의미가 없어진다.

'가해자 케어'나 '가해자 지원'이라는 단어가 부적절한 이유는, 가해자가 피해자에게 책임을 져야 하는 존재라는 점이 가장 중요하기 때문이다. 반드시 프로그램에 참가해 적절한 교육을 받음으로써 갱생을 지향해야 하는 존재이다.

맞는다 해서 누구나 DV 피해자라고 자각하지 않는다

내가 운영하는 카운슬링센터(이하 센터로 칭함)에서는 2003년부터 DV 피해자 집단 상담AG; Abused Women's Group을 실시하고 있다.

신체적 폭력을 당하면서도 이를 남편의 애정 표현이라고 생각하는 여성이 드물지 않다. DV 피해가 아닌 등교 거부나 히키코모리 등 자녀의 문제 행동, 부부관계 악화 등에 대해 상담하는 여성도 있다. 센터에서 실시하는 교육 프로그램을 수강하고 담당자와 상담을 하면서, 남편의 행위가 폭력이며 자신이 DV 피해자라는 당사자성을 획득하는 여성들이 많다.

참가자가 피해자성을 스스로 자각하고 DV 피해자로서 당사자성을 획득하도록 하는 것을 AG 참가의 전제로 삼는다. 맞는 다고 해서 누구나 스스로 DV 피해자라고 자각하지는 않는다. 이때까지 반복해서 설명했듯이, 전문가도 그런 행위를 폭력으로 인식하지 못했던 시대가 있었음을 돌이켜보면 내담자도 마찬가지이다. 그렇기에 심리교육적인 접근이 큰 의미를 지닌다.

이혼이 집단 상담의 목적은 아니다

집단 상담 평균 참가자 수는 8명이고 연령은 이십 대부터 팔십 대까지로 폭이 넓은데, 사십 대에서 오십 대가 가장 많다. 가장 큰 특징은 언어적·경제적, 즉 비신체적인 DV 피해자가 약 3분의 2를 차지한다는 점이다. 신체적 DV로 말미암은 외상이 있으면 의사의 진단서 등 피해 증명이 가능하고 공적인 DV 상담으로도 이어지기가 쉽다. 센터에 유료 상담을 받으러 오는 여성들은 자신의 피해를 이해하기가 어려운 탓에 공적 상담을 이용하지 못하는지도 모른다. 남편과의 관계(생활 형태)에는 동거, 별거(조정 중, 재판 중), 이혼의 세 종류가 있는데, 각각의 형태에 상응하는 문제들이 있다.

여기서 이혼이 집단 상담의 목적은 아니라는 점을 강조하고 싶다. 여성들이 자녀 교육과 노부모 돌봄의 균형, 더 나아가서는 경제적 불안 때문에 남편과의 동거를 지속하는 쪽이 리스크가 적다고 판단하더라도 그 결정은 존중해야 한다. 공적 기관이 주도하는 DV 피해자 지원의 문제점은, 어찌 됐든 도망치고 헤어지는 것을 목적으로 한다는 점, 때로는 이를 매뉴얼화한 듯이 대응하고 있다는 점이다. 이를 고려해 센터에서는 참가자의 상황에 맞추어 유연하게 대응하려고 주의하고 있다.

퍼실리테이터에게 필요한 태도

약 17년 동안 집단 상담을 실시하며, 필요한 태도를 다음과 같이 정리해 보았다.

① 명쾌한 어조를 유지하고 우선순위 확인하기

참가하는 여성들은 실로 많은 역경과 과제를 극복해야 한다. 도망쳐서 집을 나오고, 이혼 조정에 나서고, 진술서를 쓰고, 조정 및 재판에 참석해야 한다. 게다가 이혼 뒤의 여러 가지 어려움과 PTSD 등도 따라온다. 눈앞의 과제에 집중하려면 앞을 멀리 내다보지 않도록, 3개월 이내의 일만 생각하도록 시간을 한정해야 한다. 먼 미래를 바라보면 희망을 품기가 어렵고 우울증에 쉽게 빠지기 때문에, 눈앞의 과제만 하나씩 수행해 나가도록 한다. 또한 애매한 표현은 피해야 한다. 불안을 조장하기 때문이다.

② 명령이 되지 않도록, 철저히 제안에 그치는 태도

참가자들이 어느 한 사람에 극단적으로 의존하는 경우를 피해야 한다. 오랜 피해 경험으로 몸과 마음이 약해진 참가자들에게는 전면적으로 의존할 만한 대상이 매력적으로 보이겠지만, 그

렇기에 명쾌하되 지시하거나 명령하는 발언은 절대로 피해야
한다. 프로세스 중에는 당연히 퍼실리테이터에게 의존할 수도
있지만, 여성들이 자기판단 능력을 회복하고 자립적인 생활을
확립하면 불필요해질 것을 전제로 해야 한다.

③ 희망을 제시한다

인생에서 가장 커다란 선택을 했음을 칭찬하고, 견뎌 나갈 힘을
승인·확대한다. 그리고 예측 가능한 희망을 제시하고 용기를 준
다. 이혼만이 해결이 아니라는 점을 반복해 설명하고, 참가자가
다시 같이 살겠다는 선택을 하면 이 역시 존중한다.

④ 자책감을 불식시킨다

이들은 남편이 화를 낸 데에는 자신의 책임도 있다는 '가해자 의
식'을 안고 있으며, 이는 일반 상식에서 말하는 피해자 유책론
(당한 쪽이지만 잘못이 있다)과 호응한다. 그룹의 기본인 DV란
무엇이고 피해란 무엇인지, 그리고 책임은 100% 가해자에게 있
다는 원점을 매일 재확인할 필요가 있다.

DV 가해자에 대한 접근

AG 실시에 더하여 2004년부터 실시하고 있는 DV 가해자 프로
그램에 대해서도 개략적으로 알아보자.

　DV 가해자 프로그램의 원형은 1970년대 말 미국에서 페미니

스트들이 뒷받침하여 탄생했다. DV를 질병화·병리화하는 관점은 가해자 면책으로 이어지기 때문에 엄격하게 물리치며, 가해자는 폭력을 선택했기에 책임이 있다는 '선택 이론'을 기본으로 한다.

1980년대 초반에 엘런 펜스Ellen Pence 등이 시작한 덜루스 프로젝트는 현재 많은 나라에서 실시하는 프로그램의 원형이 되었다. 페미니즘의 영향을 많이 받은 프로그램으로서, 폭력을 범죄로서 처벌해야 한다는 태도를 일관성 있게 유지한다.

가해자 프로그램에서 '치료'나 '회복' 등 의료 모델을 전제로 한 단어는 사용하지 않는다 하더라도, 갱생이나 처벌이라는 표현만으로는 다 말하기 어려운 부분도 존재할 것이다.

서구의 DV 가해자 프로그램에서는 처우treatment라는 용어를 많이 사용하는데, 적절한 단어가 보이지 않으면 이 말을 쓰고 싶다.

처벌적 프로그램이 과연 폭력 예방에 효과가 있는가 하는 의문에서 캐나다와 오스트레일리아가 중심적으로 실시하는 탈덜루스 모델도 있다. 이야기 치료narrative therapy에서 영향을 받은 프로그램으로, 대표적인 인물은 앨런 젱킨스Alan Jenkins이다. 일본에도 이에 관해 연구하는 그룹이 있다. 교육보다는 그들의 책임의식 소환을 기본으로 하며 무엇이 변화를 방해하는지에 초점을 둔다는 점에서 독자적인 프로그램이다.

일본의 DV방지법에는 구체적으로 어떠한 행동을 하는 경우에 DV로 처벌한다는 규정은 없다. 즉 DV라는 죄는 존재하지 않기 때문에 피해자의 고발 없이 가해자 체포는 불가능하다. 이를 친고죄라고 한다. 캐나다, 미국, 한국 등에서는 DV가 비친고죄이므로 법원의 명령에 따라 DV 가해자 프로그램 참가를 강제할 수 있다.[1] 일본에서 실시되는 프로그램은 이러한 프로세스를 거치지 못하기 때문에 임의적이고 자발적인 참가자를 대상으로 할 수밖에 없다. 젱킨스가 주장한 프로그램은 참가자의 자발성을 환기한다는 점에서 일본의 가해자 프로그램이 배울 점이 많다.

'DV를 목격한 자녀' 문제가 드리운 빛과 어둠

2000년 일본에서 아동학대방지법이 제정된 뒤, 2004년에 새롭게 추가된 조항이 있다. 아이가 보는 앞에서 DV가 일어날 경우, 심리적 학대가 된다는 부분이다. 당시에 나는 이 소식을 듣고 이제 DV와 학대 예방의 분리 문제가 해결되겠구나 하고 기대했지만, 현장의 대응에 이렇다 할 변화는 일어나지 않았다.

2012년 즈시에서, 다음 해인 2013년 미타카에서 처참한 스토킹 살인사건이 일어나자 경찰청이 스토킹 가해자에 대한 대책

---

1 다만 한국의 경우, 가정폭력 범죄 관련 법률, 가정폭력 피해자 보호 관련 법률, 폭력행위 일반에 관련된 법률 등 여러 법 조항들이 복합적으로 적용되고, 피해자의 의사에 따라 형사처벌이 아닌 가정보호사건으로 조치하는 경우도 있어 일률적으로 '비친고죄'라고 단언하기는 애매한 점이 있다.

을 강화했고 여성과 아동에 대한 안전 대책도 보다 철저해졌다. 그리고 친고죄의 범위 내에서지만, 도쿄도를 관할하는 경시청에서 DV 가해자를 적극적으로 체포하는 경우도 증가했다. 또한 DV를 목격한 자녀가 '심리적 학대' 피해를 입었다는 판단하에 경찰이 아동상담소에 피해 사실을 통보하게 되었다. 그 결과, 학대 통보 건수에 따라 심리적 학대의 비율이 계속 증가하였다. 2020년에는 약 3분의 2를 심리적 학대가 점유했으며 경찰의 상담소 통보 비율도 증가 일변도를 보이고 있다.

통보가 폭증하면서 아동상담소는 패닉 상태에 빠졌고, 이에 특화된 대응은 충분하지 않은 상태이다. 또 DV로 이혼 조정을 결심한 여성이 소개받은 변호사와 만났을 때, 갑자기 "당신은 아이한테 가해자입니다. 자녀가 DV를 목격하는 게 심리적 학대라는 거 아시죠?"라는 말을 듣는 사태도 생겨났다.

이 규정이 등장하기 전에는 DV 피해자라는 입장으로만 대응하기를 요구받던 피해 여성에게, 아이가 DV를 목격하게 만든 가해자라는 위치를 새롭게 부여해 버린 것이다. 가해·피해 패러다임을 가족관계의 어떤 위상에 적용하는가에 따라 불필요하게 DV 피해를 압도하게 되었다. 애초에 세상은 DV라는 말을 그리 환영하지 않았다. 친밀권만은 알아서 하게 내버려 두어야 한다고 많은 남편들이 생각했기 때문이다.

'DV를 목격한 자녀'의 문제는 DV의 가해·피해라는 명쾌했던 구분에 '아이의 피해'라는 관점을 가지고 들어오는 결과를 초래했다. 또한 각 분야별로 수직적으로만 이루어지던 행정을 DV·학대 대응에서는 통합시켜야 한다는 관점도 생겨났다. 전자는 순수한 DV 피해자상의 전환이고, 후자는 DV·학대의 포괄적 지원에 대한 추진력을 의미한다.

아버지의 DV를 목격한 아들이 DV 가해자가 된다

DV 가해자 프로그램에 참가하는 남성들의 80% 이상이 아버지의 DV를 목격했다. 미국에서는 90년대부터 자녀의 가정폭력 목격 경험과 폭력 행사의 연관성을 활발하게 연구해 왔다. 여기에는 큰 의미가 있다. 아동학대의 세대 간 연쇄를 논할 때는 종종 어머니에게 입은 피학대 이력을 문제로 삼는다. 하지만 아버지의 DV를 목격한 경험이 남자아이가 성장해서 폭력 가해자, 결혼 후 DV 가해자가 되는 최대 리스크라는 사실은 그다지 잘 알려져 있지 않다.

'DV를 목격한 자녀'라는 개념이 등장함으로써 아버지의 DV가 딸은 물론, 아들에게도 깊은 영향을 끼친다는 사실을 설명할 수 있게 되었다. DV 피해자가 처한 위치에 딴죽을 거는 역할만 한 것이 아니다. DV 가해자는 파트너뿐만 아니라 그곳에 있던 자녀들이 미래에 형성할 가족에게도 영향을 미친다. 이를 명확히 드러내는 개념으로서 'DV를 목격한 자녀'를 이해할 필요가 있다.

5장 'DV'라는 정치 문제

연수 페티시

어떤 세계나 유행은 있다. 이 글을 쓰는 동안, 세계는 마치 SF 영화처럼 팬데믹 상태에 빠졌다. 코로나19 바이러스 감염이 확대되면서, 선진국들은 '전쟁'이라는 단어까지 사용하며 승리하자고 외치고 있다. 일본이 메이지 유신 당시 서구 근대화의 모델로 삼았던 영국과 프랑스를 시작으로, 여러 나라들이 시민 활동 제한·금지 명령을 강행했다. 이런 당황스러운 장면을 보며 그 정도의 사태에 직면했는가 하고 충격을 받았다.

각국이 자국 방어에 나서면서 평소에는 숨어 있었던 혐오스러운 차별 의식이 단숨에 적나라하게 드러나고 있다. 그에 관한 보도를 볼 때마다 비상시에 하는 행동에서 그 사람의 사상과 신념이 드러난다는 사실을 통감한다. 이런저런 말들이 나오고 있지만, 어쨌든 캄캄한 앞날과 매일 증가하는 사망자 수를 바라보며 커져 가는 불안은 지구적 규모의 위기임을 실감케 한다.

묘하게도 SF 영화처럼 외계인의 공격에 지구동맹군이 대항하는 사태는 일어나지 않았다. 인간은 한없이 파편화되어, 길에서 누군가 스쳐 지나가기만 해도 몸을 피하며 감염을 막으려고 애쓰고 있다. 시시각각 상황이 변화하는 가운데, 앞으로의 향방에 눈을 감고 있을 수만은 없다.

그런데 임상심리학의 세계에도 유행이 있다. 사회역사적 변화에 따라 정신의학이 탄생했고, 제2차 세계대전 뒤에는 임상심리학이 탄생해 오늘에 이르렀다.

심리 직종은 비교적 새롭지만 정체성으로 삼기에는 너무나 취약하고 쓸데없이 자부심만 높은 직업이 아닐까. 공인심리사라는 국가 자격이 생겼음에도 그에 걸맞은 경제적 기반은 보장되지 않는다. 물론 정신과의사들에게도 정체성의 위기는 존재할지도 모른다. 그래도 병원이나 클리닉에 근무하며 3분씩 진료해 오전 중에만 서른 명가량의 환자를 진찰하고 약을 각각 처방해 주면 일단 수입은 얻을 수 있다. 심리 직종에는 그런 보장이 없고 의료보험 혜택을 받는 정도에 불과하다.

그 차이가 어느 정도로 큰지, 아마도 정신과의사들은 대부분 자각하지 못할 것이다.

소수와 다수 사이에 있는 권한과 힘의 격차 구도는 심리 직종과 의사 사이에도 엄격하게 존재한다. 하지만 심리 직종과 마찬가지로 많은 정신과의사들도 심리적 지원의 유행에는 민감하다

는 점을 특별히 짚어 두어야 하겠다. 그중에는 연수 페티시라고
해야 할 일군의 사람들이 있다.

새로운 것을 좋아해서인지, 아니면 불안에 쫓겨 항상 맨 앞에
서 달려가는 건지는 모르겠지만, 고액의 연수 프로그램이 많은
전문가들로 만원을 이루는 상황을 보면 그런 생각이 든다.

실제로 연수를 몇 번 주최한 경험도 있는데, 신청자가 거의 꽉
들어찬 상황을 보고 '여기서 배운 것을 현장에서 살린다면 일본
의 임상 현장이며 지원 활동이 크게 달라지겠구나' 하고 때때로
가슴이 부풀었다. 하지만 10년이 넘게 지나도 현장은 달라지지
않았다. 배운 내용을 실천에 옮기는 사람이 거의 없기 때문이다.
실행에 옮기기에는 벽이 너무 높아서일까, 아니면 돈을 내고 연
수에 '참가'함에 따르는 만족감만으로 충분하기 때문일까.

이러한 경험을 거듭할 때마다, 연수 프로그램을 소비하듯 뭔
가 배운다는 만족감만 추구하는 사람들이 세상에 엄청나게 많
음을 깨닫는다.

임상심리사의 탄생

자신의 학문에 자부심을 지닌 사람에게 유행이라는 말은 참
기 어려울지도 모르겠지만, 이제까지 쌓아 온 연륜을 내세워
1970년대부터 돌아보도록 하겠다.

알코올의존증에 관여하고 있다는 것은 모든 면에서 비주류임
을 의미한다. 지금까지 중독이나 의존증의 문제는 정신의학에

서 주요한 주제가 되지 못했고, 앞으로도 될 일은 없을 것이다. 한마디로 객관적 증거가 명확하지 않으면 과학으로서 실증성을 얻지 못하고, 따라서 의학회에서는 비주류에 위치할 수밖에 없다. 반면 임상심리학에서는 어떨까.

1945년 패전을 계기로 미국 심리학자 칼 로저스Carl Rogers를 중심으로 하는 내담자 중심의 상담이 도입되었다. 의사가 아닌 심리학자들이 직접 내담자를 지원하는 흐름은 1950년대에 시작되었다. 여기에는 전후민주주의 특유의 개인을 존중하는 분위기도 있었을 것이다.

한편으로는 의사냐 아니냐를 넘어서서 '사상'적 깊이를 지닌 '병리'에 주목하는 경향도 생겨났다. 당시 정신분열증이라고 불리면서 차별과 편견으로 가득한 시선을 받던 환자들을 연구해, 인간의 진리와 존재의 본질에 다가가려던 사람들이 있었다. 프로이트로 시작하는 정신분석에 경도된 이들이었다.

하지만 1980년 DSM-Ⅲ를 기점으로 미국정신의학회는 크게 증거중심주의, 기능주의적 진단 쪽으로 방향키를 돌렸고 이에 발맞추어 정신분석은 퇴조했다. 이렇게 한마디로 정리하면 지나치게 단순하지만, 정신분석을 활용하던 사람들 대부분이 항우울제로 대표되는 약물요법으로 휩쓸려 갔던 것이다. 미국의 동향은 일본의 10년 뒤를 보여 준다고 하는데, 정말로 상황은 그렇게 흘러갔다.

일본의 임상심리학에서도 정신분석적 심리요법은 중요한 지위를 점하고 있었다. 동부의 오코노기 게이고(프로이트 심리학)와 서부의 가와이 하야오(융 심리학)라는 두 거두가 손을 잡고 일본심리임상학회를 탄생시켰던 것이다. 원래 있었던 일본임상심리학회는 1970년대 초반 학생운동과 연동하여 '전문성을 묻는다'는 당사자들의 비판을 받아들여 자기비판을 반복하다가 분열하고 말았다. 이 시기를 임상심리학의 겨울이라고 표현하는 사람도 있다. 그러다 약 10년 뒤인 1982년, 심리임상 관련 학문의 기반을 만들고 과학화를 추구할 목적으로 협력관계가 이루어지면서 일본심리임상학회가 만들어졌다. 현재는 회원 수 약 3만 명으로, 심리학 관련 학회를 통틀어 최대 규모를 자랑하게 되었다.

그 뒤 심리 전문가라는 정체성의 기반이 된 자격 '임상심리사'가 1988년에 탄생했다. 이를 국가 자격증으로 만드는 것이 학회 관련자들의 공통된 소망이었다. 현재는 자격인정협회라는 민간단체가 시험을 실시하고 있다. 민간 자격증으로서 임상심리사는 오늘에 이르기까지 활동 범위를 계속 넓혀 가고 있다.

임상심리사 자격 취득을 위한 지정 대학원 제도가 생기면서 그 대학원에 들어가면 실습 일부가 면제되는 시스템이 구축되었고, 80년대 말부터 심리 직종에 종사하고 있었던 사람들이 지정 대학원의 교수진이 되었다. 이들 대부분이 정신분석을 기초로 삼았다는 사실을 특별히 지적해 둔다. 일본에서는 그 외에 임상의 기초 이론이 별로 없었다는 점도 영향을 끼쳤다.

덧붙이자면 나는 1970년대 초반의 대학원 지도 교수가 정신분석과 마르크시즘을 넘어서겠노라는 장대한 이론을 구상하던 사람이었기 때문에 프로이트를 피하듯이 임상의 길로 들어섰다. 여기에 큰 의미가 있었음을 지금에 와서야 깨닫는다.

유행이 된 가족요법의 탈인과론

한편, 분석적 입장과는 별개로 가족요법은 계속 실시되었다. 1950년대부터 서구에서 왕성하게 일어났던 가족요법은 일본에서도 현재에 이르기까지 하나의 흐름으로 지속되고 있다.

중독 문제에서 독특한 지원 방법이 전개된 데에는 아르헨티나의 아동정신과의사 살바도르 미누친을 대표로 하는 시스템론적·구조주의 가족요법의 영향이 크다. 1980년대 초, 정신과의사 사이토 사토루는 중독 문제가 있는 가족을 시스템론적으로 파악해야 한다고 주장하며 알코올의존증 남편을 대하는 아내의 태도, 더 나아가 전문가 역할의 방향성을 명확히 했다.

그 특징 중 한 가지는 인과론에서 벗어나자는 것이다. 이것은 가족 안에서 일어나는 사건에 원인·결과는 없다는 인식을 기반으로 한다.

인과론이란 근대 자연과학의 기본으로서 '원인은 무엇인가', '원인을 제거하면 결과는 좋아진다'라는 논리이다. 지금껏, 혹은 지금이기에 오히려 더 많은 사람들이 사로잡혀 있는 사고방식이다.

비가 새는 것과 지붕에 구멍이 난 것은 인과관계로 파악해야한다. 하지만 등교 거부와 어머니의 말을 인과관계로 볼 수 있을까. 많은 경우, '어머니의 양육 방식'을 원인으로 꼽는다. 결코아버지가 아니다. 1970년대부터 무서우리만큼 변함없이, 어머니의 과보호가 아이를 망친다, 어머니가 제대로 훈육하지 않는다, 미성숙한 어머니가 아이를 괴롭힌다는 논리가 믿음을 얻고있다.

나는 이 점을 줄곧 비판해 왔다. 아이에게 문제가 생기면 인과론으로 어머니를 비난한다. 잔혹한 비난은 아이에게 '나아져야해', '빨리 다른 애들처럼 되어야지'라는 더한 압력이 되고, 문제는 점점 악화되어 간다. 이를 막으려고 했던 것이다.

그렇다면 가족요법의 탈인과론은 무엇을 가리키는가. 순환론이다. 직선적인 인과론에서 둥근 고리 형태의 순환론으로 가는전환이다. 가족에 문제가 생겼을 때 어떤 악순환이 일어나는지, 어디에서 순환이 멈추는지, 가장 멈추기 쉬운 부분은 어디인지를 지적하고 그에 따라 악순환을 차단하는 것이다.

1980년대 일본에서 탈인과론이 폭발적인 인기를 얻은 이유는 — 물론 정신·심리요법 분야에서 — 이렇게 참신한 발상의전환 때문이었다.

지극히 실천적인 이 사고방식과 방법은, 예컨대 자녀가 부모에게 폭력을 휘둘러 힘들어하는 가족이 있다면 '왜 아이가 폭력을 휘두르는지'가 아니라 '어머니와 아버지가 어떠한 말이나 행동을 하면 폭력을 휘두르지 않는지'를 묻는다. 자녀가 식탁에서 어머니에게 불평을 하다가 대답이 마음에 들지 않으면 크게 소리를 지른다. 그때 갑자기 어머니가 냄비 바닥을 숟가락으로 탕탕 친다. 깜짝 놀란 자녀는 폭력에까지 이르지 않고 하던 행동을 멈춘다.

얼핏 뜻밖으로 보이는 행동 처방이지만, 자녀가 폭력을 2주 동안 휘두르지 않는다면 적절한 방법이다.

가족요법·시스템 이론은 중독 분야에도 큰 영향을 주었다. 원래 문제 행동을 보이는(주변 가족이 그렇게 여기는) 본인은 자각이 없다. 알코올 문제를 예로 들면 이해가 될 것이다. 본인은 술을 너무나 좋아해서 마셨고 기억이 좀 희미해졌을 뿐인데, 주변 가족들은 꽤 오래전부터 힘들어하고 있었던 경우가 드물지 않다. 가장인 남성이라면 "내가 번 돈으로 술 좀 마시겠다는데 뭐가 문제냐"라는 틀에 박힌 반박을 되풀이한다. 가족은 힘들어하는데 본인은 계속 술을 마시는, 가족 내 '이익 상반' 상태를 보인다.

문제인 본인이 '도움'이나 '치료'를 받는 데 전혀 동기부여가 되지 않기 때문에 환자를 대상으로 이루어지는 의료는 무력하다. 그렇기에 의존증(중독)을 지원하는 전문가들이 누구보다 빨리 이 난제와 맞붙었을 것이다. 의료는 "본인을 데려오라"라고만 하는데, 본인은 "아프지 않고 알코올중독도 아니"라고 말하며 가기를 거부한다. 이 틈새에서 끊임없이 괴로움을 겪는 가족

이야말로 제일 먼저 지원 대상이 되어야 한다는 걸 깨달았던 것이다.

여기에 시스템론적 가족요법이 이론적 근거를 부여했다.

부부라는 하위 조직에 주목해, 남편의 음주를 멈추려면 시스템의 다른 한쪽인 아내의 대응이 바뀌어야 한다. 그에 따라 남편이 음주를 지속해 온 시스템이 변화하면 음주를 멈출 수밖에 없게 된다. 이토록 명쾌한 이론적 해명에 많은 중독 관계자들이 달려들었고, 나도 그중 한 사람이었다.

이리하여 훗날 중독 접근addiction approach이라고 이름 붙여진 독특한 지원 이론이 생겨났다. 본인의 내면을 인과론적으로 파악하지 않고, 현재 일어나고 있는 문제 및 그에 기초해서 유지되는 시스템에 주목하는 것이다. 이에 따라 본인이냐 가족이냐 하는 인과론적 대립은 소멸되고, 함께 시스템을 구성하는 요소로 재인식된다.

오히려 도움을 강하게 원하는 가족이야말로 최우선 지원 대상으로서 주목해야 한다고 생각하기에 이르렀다.

내 지원 활동 경험 중 1985년부터 약 10년 동안은 시스템론적 접근에 전념했다고 해도 과언이 아니다.

분기점이 된 1995년

정신분석적 심리요법이 중심이었던 일본의 심리임상학회가 크게 변화한 계기는 1995년 학교상담사School Counselor 제도의 도입이었다. 1994년 아이치현에서 일어난 따돌림 자살 사건이 계기가 되어서 문부과학성이 학교에 심리 전문직을 도입하기로 결단했다.

1970년대에 이미 미국에서 실시되고 있었던 학교상담사를 본보기로 만들어졌지만, 현재까지 모든 학교에 설치되지는 못했다. 아쉽게도 일부 사립학교를 제외하고는 대체로 주 1회 근무로 운영되고 있다. 하지만 꽉 닫힌 학교라는 제도에 학교상담사가 도입되었다는 점은 의미가 크다. 주 1회, 단 한 사람의 근무자라 할지라도 학교 안에 외부인이 존재한다는 의미는 작지 않았다.

시급도 고액이었다. 당시, 학회 및 임상심리사회의 중심을 담당하던 대학 교수진(임상심리학 전공자)들이 나갈 정도로, 고도의 전문성을 감안해 결정된 금액이었다.

하지만 학교상담사가 초래한 엄청난 진동은 다른 쪽에서 일어났다. 당시 임상심리학 대학원 교수진 중 대부분은 정신분석적 심리요법을 표방했다. 당연하다고 해도 될 정도였다. 그들이 작정하고 학교라는 현장에 들어간 것이다.

거기서 대체 무슨 일이 일어났을까. 심리요법이나 학생 면접은 어느 정도 효과를 발휘했을까. 학교 입장에서도 의사도 아닌 사람들이 '학교라는 세계의 한구석'에 들어온 것을 당혹스러워하지 않았을까.

그 뒤 일본임상심리사회라는 직능 단체에서는 이들의 경험을 통해, 학교상담사의 역할 중 하나가 학교라는 조직에서 다양한 직종을 조정하는 것이라는 발언을 했다.

결과적으로 지극히 현실적인 대응을 요구받았고, 그때까지의 정신분석적 접근에 더해 다르게 접근할 필요성을 공유하게 되었다.

현재 학교상담사 대부분이 직면하는 문제들은 등교 거부나 그 배후에 있는 게임 의존, 음주, 부모의 학대, 부모의 DV를 목격하는 일 등이다. 또한 커다란 재난이나 사건 뒤에 아이들의 마음을 돌보는 역할도 맡고 있다.

최근 10년 사이, 중독에 대한 임상심리사들의 관심은 크게 높아졌다. 나는 현재 일본임상심리사회의 이사로서 중독 대책 위원장을 맡고 있는데, 전국 연수에 참가하겠다는 희망자는 꾸준히 증가하고 있다.

학교상담사 제도의 출발과 더불어, 1995년에는 몇 가지 커다란 사건이 일어났다.

① 한신·아와지 대지진을 겪으며 트라우마라는 단어가 미디어에 등장했다. 또 3월에는 도쿄 지하철 사린 사건까지 일어나, '피해자'라는 단어가 널리 퍼지기 시작했다. 이러한 흐름은 다음 해 어덜트 칠드런 붐으로도 이어졌다.

② 9월에 베이징여성회의가 개최되면서 가정폭력이라는 용어가 일본에서 처음으로 사용된다. 이때부터 '가해·피해'라는 패러다임으로 가족을 바라보기 시작했다.

이처럼 1995년은 이후의 임상심리학에서 전환점이 되었다.

DV라는 단어가 일본에서 퍼져 나감으로써, 알코올의존증 환자의 아내들이 경험했던 것은 질환의 증상이 아니라 '폭력'이었음이 명확해졌다.

정말로 커다란 변화였다. 아내들이 술을 끊은 남편에게 이상할 정도로 신경을 쓰다가 오히려 긴장감이 높아지는 상황, 그리고 술을 끊어도 아내를 구타하는 행동은 절대 멈추지 않는 남편들의 모습이 단숨에 드러났다. 폭력이라고 부를 수밖에 없음을 깊이 납득하게 된 것이다.

내가 그때까지 다양한 기회로 접촉하거나 책으로 만나 왔던 페미니즘과 적극적으로 관계를 맺게 된 것도 DV라는 단어를 만나면서였다.

임상심리학은 폭력을 다루지 않았다. 폭력을 일으키는 배경, 폭력적이 되는 사람에 대한 접근이 전무하지는 않았지만, 어제오늘의 일상적인 폭력, 즉 지금 눈앞에 앉아 있는 사람이 집에 돌아가면 아버지에게 맞는데 어떻게 하면 좋을까 하는 문제에는 관여하지 않았다. 다행히도, 혹은 불행히도 나는 상담을 하면서 남편에게 폭력을 당하거나 남편이 술을 마시고 집 안을 부순다고 호소하는 여성들과 만났고, 이들의 절박함이 상담의 기본이 되었다.

또한 DV가 등장하면서 '가해자', '피해자'라는, 그때까지 심리 분야가 거의 사용하지 않았던 단어가 단숨에 영역 안으로 들

어왔다. 눈앞에 등장하는 사람들에 대처하려면 경찰이나 법원
에서밖에 사용되지 않았던 '가해', '피해'라는 사법적 패러다임
이 반드시 필요했던 것이다.

6장　가족의 구조 개혁

두 남녀

38세 남성은 두 달 만에 상담을 받으러 왔다. 매월 상담을 하러 오던 그가 한 달을 건너뛰어서 다소 걱정하고 있었는데, 방에 들어오는 그를 보고 깜짝 놀랐다. 그때까지 본 적 없었던 데님 재킷을 걸치고, 한 번도 보여 준 적 없는 해맑은 표정을 짓고 있었기 때문이었다.

"무슨 좋은 일이라도 있었나요?"

의자에 앉자마자 나도 무심코 밝은 어투로 질문을 던졌다.

"아버지가 돌아가셨습니다."

"아…, 그랬군요."

순간적인 침묵 뒤에 나는 이렇게 대답했다. 표정으로는 가능한 변화를 보이지 않으려고 애쓰면서.

이런 장면은 드물지 않다. 어느 오십 대 여성은 1년 만에 상담을 받으러 왔는데, 의자에 앉자마자 꺼낸 첫마디가 이랬다.

"선생님, 드디어 어머니가 돌아가셨어요."

마치 오랫동안 짊어지고 있었던 짐에서 해방된 듯 시원하고 명랑한 목소리였다. 멋스럽게 기모노를 차려입고 왔던 그 여성은 확연히 젊어 보였고 말을 더듬는 오랜 습관도 많이 나아져 있었다.

오랫동안 어머니와 불화를 겪으면서도 어머니의 보호자가 될 수밖에 없었던 상황을 누구보다 잘 알고 있었던 나는 작은 목소리로 가만히 말했다.

"잘됐네요…."

상담자는 키를 늘이라고 요구받는다

일반적인 상식과는 동떨어진 이런 말도 상담에서는 허락된다. 그리고 우리 상담자들이 가장 중요하게 여기는 것은 상담을 시작하며 정해진 이론부터 들이대지 않는 태도이다. 물론 상식적으로 전문가에게는 많은 책을 읽고 이론에 정진하는 태도가 필요하다. 하지만 눈앞에 앉아 괴로워하는 사람의 말을 일단 듣고, 들은 내용을 나름대로 문맥화하는 것이 무엇보다 우선이다.

문맥화란 흡사 작가가 이야기를 창작하는 것과도 비슷하다. 이야기가 지닌 플롯의 리얼리티를 손상시키지 않고 어떻게 조각들을 이을지, 무엇을 연결의 접착제로 쓸지, 앞서 일어난 유사한 이야기들을 어떻게 검색할지…. 무엇보다 이야기에는 반드시 전형이 필요하다. 무無에서 일어나는 이야기는 없다. 문법이며 어법, 그리고 기승전결의 형식도 일종의 전형(포맷)이다.

상담자의 실력을 어떻게 측정하느냐 하는 논의가 그다지 내키지는 않지만, 굳이 말하자면 실력이란 이런 전형을 풍부하게 지니고 있느냐 아니냐와 관련이 있지 않을까.

글을 읽다가 기억에 남았던 문장이 있다. '사람의 이야기란, 결국 듣는 사람의 키를 넘어서지 못한다'는 내용이었다. 말하자면 전형의 풍요로움이란 키(역량)가 얼마나 크냐는 뜻이다.

성장기라면 키=신장이 여전히 자라겠지만, 성인이 된 다음에는 줄어들지언정 늘어나는 일은 없다. 엄연한 객관적 사실이다. 하지만 우리 상담자들의 키는 점점 자랄 수 있다. 정확히 말하자면, 내담자가 말하는 내용에 맞추어 늘어나기를 요구받는다. 어쩌면 내담자는 상담자를 날카롭게 심사하고 있을지도 모른다. 이 사람은 내가 말하는 내용을 어느 정도까지 허용하고 어느 정도까지 헤쳐 나가는가 하면서.

예를 들어 어느 여성 내담자가 "부부관계가 좋지 않은 건 내가 어린 시절에 학대당했던 탓이 아닐까요?"라고 말할 때, 어떻게 받아들일 것인가. 만약 어느 상담자가 '학대는 세대 연쇄로 이어지고 학대당한 사람은 자기긍정감이 떨어지기 때문에, 당연히 부부관계에서도 자기주장보다 상대의 기대에 맞추려고 무리하게 된다'는 진부하고 정형화된 학대 이론을 전형으로 삼는다면, 내담자의 낮은 자기긍정감에 초점을 맞추려고 할 것이다.

그런데 세대 연쇄라는 일종의 운명론이 숨기고 있는 속임수를 알고 그 전형을 넘어선다면, 부모에게 받은 학대와 부부관계를 직접 연결시키기에 무리가 있지 않겠느냐는 견해를 꺼낼 것이다. 그러면 이때까지 누구에게도 한 적 없는 이야기를 내담자가 꺼낼지도 모른다. "저, 사실은 레즈비언이에요"와 같은.

이처럼 상담자는 내담자의 말에 따라 키를 늘이라는 요구를 받는다. 상담자가 내심 놀랐음에도 동요를 감추려고 애쓰는 것 정도는 이미 간파했으리라. 키를 늘이라고 요구하는 시점에서 이미 내담자는 가능성 여부를 심사하기 시작했을지도 모른다. 상담 요금까지 지불하면서 이제까지의 인생을 걸고 도움을 요청하고 있기 때문이다.

심사에 얼마나 커다란 것이 걸려 있는지를 생각하면 그런 엄격함은 당연하다. 상담자로서 내담자에게 합격점을 받는다면 나는 분명 더없이 기쁠 것이다. 솔직히 말하면, 훌륭한 스승이나 동업자에게 받는 평가도 당연히 신경이 쓰이지만 내담자에게 받는 평가만큼은 아니다.

지배적 가족상

세상에는 다양한 전형이 유통되고 있지만, 가족에 얽힌 전형만큼 강고하고 오류가 없다고 여겨지는 것은 없다. 지배적 이야기라고 불러도 될 정도이다. TV 채널을 돌려 봐도 어느 방송에서나 그런 이야기만 넘쳐 난다. 부모를 비난하는 짓은 터무니없고,

가족에게는 축복을 빌어야 하며, 부부는 이런저런 일이 있어도 결국 두 사람밖에 없다는 식이다. 부모는 당연히 자식을 아끼고, 학대하는 부모는 이상한 인간임에 틀림없다고.

시대를 풍미했던 어느 시대극 배우가 사망했을 때 장례식에 불참한 딸을 두고 "어찌해도 용서가 안 되나", "마지막에라도 간병을 했어야지", "얼마나 딸을 보고 싶었을까" 하는 비판이 방송에서 줄을 이었다.

많은 내담자들은 그 뉴스를 이구동성으로 이렇게 평가했다.

"그 따님은 장례식에 불참하길 잘했다고 생각해요. 얼마나 심한 일을 겪었으면 그랬겠어요. 장례식에 갈 수 있을 정도라면 당연히 가는 게 좋죠. 하지만 아버지의 행위를 용서하면 분명히 자신이 견디지 못하리라 생각했을 거예요. 그 정도로 끔찍한 짓을 당했겠죠."

학대나 DV가 차츰 미디어의 화제에 오르고 많은 살인사건이 가족 안에서 일어남에도, 지배적 가족 이야기는 한층 더 견고해지고 점점 강화되는 듯이 보인다.

그렇기에 우리 상담자는 무엇보다 가족에 얽힌 전형을 풍부하게 만들어야만 한다. 올려다보아야 할 만큼 키를 늘여야 한다.

상담은 생명 유지 기능을 수행한다

앞에서 꼽았던 두 사례는 그런 점에서 가장 합당한 시련을 부여한다. 부모를 비판하고, 어찌해도 부모를 용서하기 어려웠던 경험만이 아니다. 부모의 죽음이라는 엄연한 사실을 어떻게 받아들여야 하느냐는 질문 때문이다.

상담의 기준 중 하나는 생명 유지이다. 일반적으로 상담은 심리적인 문제를 다룬다고 여기지만, 그렇지 않다. 적어도 우리의 상담은 다르다. 끊임없이 생명의 위기와 대치해야 한다. 폭력을 휘두르는 아들에게서 어떻게 어머니를 지킬지 고민하고, 딸이 여전히 처방 약을 대량으로 복용하고 있을지도 모른다고 걱정하며 목숨을 지키려 애쓰는 어머니에게 약 관리를 철저히 하라고 당부한다. 아파트에서 뛰어내릴지도 모르는 딸에게 어머니가 어떻게 말을 걸면 좋을지도 제안한다.

내담자에게나 그 가족에게나 어쨌든 살아가는 것을 최우선 공동 목표로 삼는다. 이것이 상담의 원점이며, 이를 위해서라면 정신과의사도 적극적으로 소개한다.

하지만 부모의 죽음을 기쁜 일로 여기고 명랑하게 이야기하는 내담자와는 어떻게 관계를 맺을까. 이미 언급한 바와 같이 나는 이렇게 말했다.

"잘됐네요."

아마도 내가 그렇게 말해 주리라 믿었기에 두 사람은 상담에 왔을 것이다.

내 말에 꾸벅 고개를 숙인 그는 "선생님한테 제일 먼저 알려 드리고 싶었어요" 하며 미소 짓고는 "그런데 이런 말, 아무한테도 하면 안 되죠? 어머니가 돌아가셔서 마음이 놓인다는 말이요" 하고 말했다.

피난처로서의 상담

부모의 죽음을 기뻐하는 자식이라니, 상담 장소를 한 발짝만 벗어나도 당연히 비난의 대상이 된다. 더구나 친족이라면 용서하지 않을 것이다. 설령 죽음을 내심 기뻐하고 있다 해도 장례식에서는 형식적이나마 죽음을 애도하는 법이다. 의례란 참석자에게 내면의 자유를 보장하므로, 그 여성도 어머니의 장례식에서는 틀림없이 눈물을 흘렸을 것이다.

그녀에게 상담은 일종의 피난처였다. 어떤 사람은 '해방구'라고도 부른다. 세상의 지배적 가족상에서 해방되는 장場, 그것이 상담의 역할이다. 나도 처음부터 이렇게 단정하지는 않았다. 내담자들의 요구에 따라 점차 피난처가 되었다고 보는 게 옳다. 전형을 풍부하게 하는 노력도 내담자의 요구에 따라 일어난다.

왜 피난처가 필요한가. "나는 부모에게 전혀 사랑을 받지 못했습니다. 그래서 부모님이 싫습니다", "어머니라는 존재가 으스스하고 무섭기까지 해요", "빨리 죽어 버렸으면 좋겠어요" 하고 속마음에서 나오는 말을 아무런 재단 없이 들어 주는 곳이 없으면, 이들은 고립무원의 상황에 놓이기 때문이다. 자신이 느끼고 생각하는 바를 "옳지 않다", "이상하다"라고 재단하며 비난하고 아무도 인정해 주지 않으면 사람은 살지 못한다. 설령 생명은 유지한다 해도 정신적 생명은 끊어져 버린다.

지배적 가족상은 외부에서 강제되는 것만은 아니다. 온갖 매체를 통해 공기처럼 스며들다가, 어느새 내담자 스스로 깊이 내면화한다. 내면화해 버린 지배적 논리에서 탈출하기 위해 피난처가 필요하다고 해도 무방하리라. 자신 안에서 지배적 논리와 벌이는 투쟁과 갈등, 그 투쟁에 대한 깊은 자책감과 죄책감은 탈출을 시도하는 사람들에게 피하기 어려운 고통이다.

내담자는 내재하는 지배적 논리에 납득되어 버리기도 한다. 이는 하나의 죽음과도 같다. 정신적 붕괴를 의미하며, 때로는 자살로 귀결될지도 모른다. 게다가 싸우려고 들면 동시에 솟구치는 죄책감과도 싸워야 한다. 어느 쪽을 바라봐도 고립무원의 싸움밖에 보이지 않을 때, 단 하나의 피난처가 반드시 필요하다.

내담자는 살기 위해 목숨을 걸고 피난처로서 상담을 요청한다. 그러지 않으면 살아가지 못하기 때문이다. 그렇다면 상담의 역할은 명료하다. 눈앞의 내담자가 살아가도록 지원하는 일이다. 그러므로 그가 부모의 죽음을 기뻐한다면 함께 기뻐한다. 주저 없이 그리해야 한다.

그리고 손을 모아 기도했다

신기하게도 내가 그렇게 하면 내담자는 부모의 죽음에 미묘한 거리감을 얻기 시작한다. 이 장의 서두에 등장했던 남성은 3주가 지난 뒤 내게 편지를 보냈다. 다 읽은 뒤, 나는 이상한 감개에 사로잡혔다. 그는 아버지를 용서하지도 않았고 아버지의 죽음을 애도하지도 않았다. 하지만 여기에는 분명히 아버지에 대한 기도가 넘치고 있었다. 일부를 발췌해 소개한다.

"[…] 도우미가 아버지가 살고 있는 아파트를 방문했을 때, 아버지는 아직 손을 흔들었다고 했습니다. 그런데 그다음 날이 되자 전날보다 기온이 갑자기 10도나 떨어졌습니다. 그런 변화가 어쩐지 마음에 걸리더군요.

[…] 제일 처음 발견한 사람이 가족이 아닌 경우, 사망 원인 불명이 되어 버립니다. 그래서 구청 직원에게 들은 대로 나는 힘껏 아파트 문을 열고 아버지의 모습을 찾았습니다.

완전히 알몸이었습니다. 쇠약해져 탈수 증상이 보이는 몸이었죠. 얼굴은 커튼에 가려져 보이지 않았습니다.

내 시야에는 아버지의 시신밖에 들어오지 않았습니다. 주변 광경은 삭제된 듯이 어둠에 잠기고 기묘하게 시신만 또렷하게 떠올랐어요.

집으로 돌아온 나는, 끝까지 아버지의 장례식에 나가지 않을 생각이었던 어머니에게 '아버지 방, 의외로 깨끗하게 정리되어 있었어요' 하고 말씀드렸습니다.

하지만 그 뒤, 나는 방을 정리하려고 방문했다가 놀랐습니다. 발을 들일 틈도 없을 정도로 어지럽게 물건이 흩어져 있었기 때문입니다. 유품을 정리하면서 마음속으로 기묘한 경험이라고 생각했죠. 어느 순간, 내 시야에서 아버지의 시신 이외에는 모두 제거해 버렸던 겁니다.

나는 영안실에서 그냥 잠자코 물러나려고 했습니다. 어릴 적부터 나와 어머니에게, 나아가서는 형에게 수없이 저질렀던 괴물 같은 짓을 생각하면 시신을 발견한 것만으로도, 발견해 준 것만으로도 할 만큼 하지 않았나 생각했기 때문입니다.

하지만 계단을 다섯 단 내려와 멈춰 섰다가, 다시 돌아가서 문을 열었습니다. 그리고 성냥으로 선향 세 개에 불을 붙여 아버지 시신의 머리밑에 있는 향로에 꽂았습니다.

그 향을 맡으면서 무심코, 기독교인임에도 손바닥을 마주하고는 '아무쪼록 천국으로 가시기를 빕니다' 하고 기도했습니다.

그 기도는 아버지를 위해서였을까요.

스쳐 지나가던 사람이었더라도, 모르는 사람이었더라도 죽음에 이른 사람 앞에서 나는 똑같이 기도했을 겁니다. 그런 의미였다고 생각합니다."

그는 재산 때문에 아버지와 이혼하지 않았던 어머니에게 상의도 하지 않고 아버지의 유골을 받아서 뿌리기로 결정했다. 상의하더라도 어머니는 "모르겠다"며 차남인 자신에게 모두 맡기리라는 것을 알고 있었기 때문이었다.

장남인 형은 아버지의 시신이 안치되어 있는 영안실조차 방문하지 않았기 때문에, 그는 혼자서 유골을 뿌리러 쇼난의 바다로 갔다.

장의업체의 지시대로 여객선을 타고 바다로 나가 아버지의 유골을 뿌렸다. 그리고 마지막에 작고 하얀 꽃다발을 바다 위에

헌화하고 기도했다.

남은 뼈는 그가 자기 방 북쪽에 있는 책장을 한 단 비워, 그곳에 안치했다고 한다.

한 남성이 아버지의 죽음에 어떻게 대처했는지, 한 편의 문학 작품처럼 응축되어 있는 에피소드이다.

척박한 원인론보다 변화의 가능성을 본다

상담자가 된 뒤로 40년 넘게 지났지만, 1980년대부터 반복적으로 들어 온 가족의 한탄은 "아이가 이렇게 된 이유가 뭘까요?" 하는 말로 끝난다. 폭풍이 휘몰아치듯 갑자기 발생하는 수많은 문제 행동을 보고 있자면, '대체 왜?'라는 질문에 사로잡혀 헤어 나오지 못하는 부모도 이해가 간다.

예컨대, 울부짖는 딸의 행동이 '부모에게 관심을 호소하는' 의미라면, 딸이 하는 말을 끝까지 하나하나 들어 주면 된다. 의미를 이해하면 행동도 이해할 수 있다.

그런데 갑작스러운 자살 기도나 부모에 대한 공격은 의미를 도무지 알 수가 없다. 부모는 '왜?'라고 물으며, 그때부터 원인 탐구라는 척박한 소용돌이로 들어가 범인 찾기에 몰두한다. 그리고 가족관계는 더욱 악화된다.

오히려 나는 이렇게 생각한다. 가족(부모)은 원인이 아니라, 아이의 문제 행동을 어떻게든 수정해 가는 데 최대한 힘을 발휘해야 할 존재라고. 어떻게든 변화하려고 노력하는 사람도 부모이므로, 자녀 본인을 무리하게 병원에 보내기보다는 부모를 대상으로 상담에 집중하는 쪽이 결과적으로 착실한 변화를 낳는 지름길이 된다고.

"대체 왜 이렇게 됐을까요?" 하는 질문은 본인이나 부모나 수백 번씩 마음속으로 반복한다. 그것만으로 하루가 다 지나가기도 하리라. 그럴 수밖에 없다. 답이 없는 질문이기 때문이다.

문제가 해결되고 증상이 사라져 평온한 일상으로 돌아가면, 그때부터 괴로웠던 시절을 곰곰이 되돌아본다. 그제야 '아, 이유는 ○○○였구나' 하는 생각이 떠오를지도 모른다. 즉 '원인'이란 사건이 내가 원했던 대로 변화한 시점에서 사후적으로 되돌아보아 구축되는 것이다.

히키코모리를 바꾸기보다는 부모의 팀워크를 형성한다

팔십 대 부모와 오십 대 자녀가 겪는 문제로 일본에서 최근 화제가 되고 있는 여러 히키코모리 사례를 보자. 오랫동안 방에 틀어박혀 있는 사람들은 인터넷이든 가족이든 모든 커뮤니케이션을 끊고 물러서 있다.

가족들은 대부분 어떻게든 나오게 만들고 움직이게 하려 들지만, 그들의 시도와 관여는 모조리 실패한다. 이런 점에서 등교거부와 매우 비슷하다. 부모가 등교시키려고 애쓰면 애쓸수록 학교에 가지 않기 때문이다.

상담에 오는 부모는 이미 온갖 방법을 다 써 본 상황이다. 정신과의사며 저명한 종교인 등을 두루 만나 본 끝에 상담을 하러 온다. 우리는 일단 초점을 히키코모리를 변화시키는 쪽에서 부모의 팀워크를 형성하는 쪽으로 이동시킨다. 오랜 시간에 걸친 히키코모리 때문에 부모의 부부관계도 파탄에 이르렀기 때문이다.

아이에게 문제가 일어났을 때, 부모가 마음을 모아 서로 지지하고 문제에 직면하는 자세를 보이는 사례는 별로 없다. 부부관계가 그랬다면 애초에 문제는 발생하지 않았을지도 모른다. 다만 그렇게 단언하면 단순한 인과관계로 귀착될 위험성이 있기 때문에 조심해야 하지만, 파탄지경인 부부관계가 너무나도 많은 것은 사실이다.

아버지는 어머니의 육아 태도에 책임을 묻고, 어머니는 그런 아버지를 원망한다. 경제적 가장이라는 점을 자녀에 대한 무관심의 면죄부로 삼는 아버지는 실제로 아주 많다. 그리고 남편에게 비난받는 어머니는 자신의 힘으로 자녀를 어떻게든 해보려고 계속 애를 쓰는데, 그러다 방에 틀어박힌 자녀와 어머니 사이에 기묘한 밀착이 생겨난다. 틀어박혀 있던 사람이 어머니를 공격하는 경우가 많은 이유도 그만큼 거리가 가깝기 때문이다.

제각기 멀리 떨어져 상대방을 불신의 눈빛으로 바라보는 부모가 틀어박혀 있는 아들(혹은 딸)을 서로 다른 에너지로 끌어내려고 애쓴다. 당사자 입장에서는 이토록 무섭고 비극적인 일도 없다.

따라서 가족의 대응은 일단 부모가 팀을 이루는 데서 시작해야 한다. 사실, 이것이 첫 번째 난제이다. 히키코모리 본인에 대한 대응이 오히려 더 쉬울지도 모른다. 남편의 무관심에 포기하고 있었던 아내는 이런 남편과 어떻게 협력 따위를 할 수 있을까생각한다. 하지만 '자식을 위해서'라는 말을 최후의 보루로 삼으면 불가능하지는 않다. 그 전제로서, 방향을 제시하는 상담자에 대한 신뢰가 반드시 필요하다.

나의 임상 경험에 비추어 보자면, 솔직히 100%는 힘들더라도 48% 정도의 협력이면 가능할지도 모른다고 본다. 이렇게 삐걱대며 이인삼각 경기가 시작된다.

가족의 구조 개혁

우리는 가족관계를 토대부터 다시 만드는 시도를 한다. '히키코모리 아들'은 이제까지의 가족관계가 한계, 이른바 임계점에 다다랐음을 드러낸다. 한 가지 문제로 말미암아 가족은 커다란 구조 개혁에 쫓기고 있는 것이다.

적어도 우리는 그러한 인식에 기초해서 상담을 하고 있다.

이런 시도가 최고라는 보장은 없다. 그 외에도 다양한 이론이나 사고방식이 있기 때문이다. 예컨대, 3세 아동 신화[1]에 기반을

---

1 아이가 세 살이 될 때까지는 엄마가 육아에 전념하는 게 좋다는 주장. 오랫동안 일하는 엄마들에게 죄책감을 안겨 주었던 이 주장은, 미국과 일본 등에서 조사 연구를 실시한 결과, 자녀의 문제 행동과 관련이 없음이 밝혀졌다.

두어 유아기에 애착관계가 형성되지 않았던 문제가 기저에 있으므로 어쨌든 '받아들이자'는 이론도 있고, 병세가 아주 나쁘니 어쨌든 전문의에게 진료를 받아야 한다며 강제로 병원에 데려가는 방법도 있다. 몇 년 전 히키코모리 남성을 납치·감금해서 약을 먹였던 시설이 적발되면서, 얼마나 많은 부모가 히키코모리 아들 때문에 골머리를 앓고 있는지 세상에 드러났다.

우리는 어느 쪽과도 다른 입장을 취한다. 기본은 당사자를 무리하게 움직이려고 하지 않는다는 점이다. 부모가 멋대로 확신하여 아무런 구체성도 없이 '받아들인다'라고만 하는, 어떻게라도 해석될 수 있는 주관에 입각하지 않는다. 마찬가지로 '애정으로 품는다'라는, 어떻게도 이용될 수 있는 말도 위험 요소가 있기에 사용하지 않는다.

구조 개혁이란 커뮤니케이션을 통한 가족관계의 변화를 의미한다. 가족관계란 아버지와 어머니라는 부부관계, 부자 또는 모자라는 부모자식 관계에서 성립한다. 이러한 '관계'는 애정이며 양육, 배려, 다정함, 따뜻함과 함께 이야기되지만, 우리는 이를 모두 제거한다. 대신에 지배, 힘, 피해, 가해, 전략, 협상, 작전과 같은 말을 등장시킨다.

말하자면 심리학에서 정치학으로 패러다임을 전환하는 것이다. 가족은 이렇게 정치적으로 해석할 때, 변혁의 가능성과 전환점이 보인다.

변혁의 첫걸음은 인사하기

일단 해야 할 일은 인사를 열심히 하는 것이다. 차를 갖다주면 남편이 아내에게 "고마워"라고 말한다. 아침에 일어나면 "잘 잤어?"라고 말하고, 외출했다가 돌아오면 "다녀왔습니다"라고 말한다. 자연스러운 목소리로 크게 말해야 한다.

그리고 아내는 "나는"이라고 발언하기를 항상 유념한다. 당신은, 그 사람은, 우리 아이는, 하고 타자를 주어로 하지 말고, 나는 어떠한가를 끊임없이 표명한다. 가족이란 주어가 불필요한 공간이다. 주어가 필요하지 않아서 친밀하고 편한 느낌은 있을 것이다.

내가 없어지는 것은 자아가 녹아 소멸하는 쾌락도 의미하기에, 딱 맞아떨어진다면 그만큼 대단한 일도 없다. 그러나 상대방을 주어로 하는 것은 나의 멸각滅却, 즉 내가 완전히 없어진 상태에서 출발한다. 더 나아가 이를 강제당하면 나의 의지는 사라지고 복종에 이르기도 한다. 이렇게 연결될 위험성은 피해야만 한다.

가족은 나이도 다르고 젠더도 다른 구성원들이 공존함으로써 성립한다. 남편의 '나'만 튀어나오면 아내의 '나'는 언제나 짓밟힌다. 자신을 잃어버린 어머니를 봐 온 아이의 '나'는 과연 어떻게 성장할까. 성장한 아이에게 문제가 생겼을 때, '나'를 둘러싸고 가족은 다시 한번 구조 개혁, 즉 재조립되어야 한다는 요구를 받는다. 즉 남편과 아내 모두 '나=I'라는 원점에서 출발해야 한다. 그리고 두 개의 '나'는 당연히 '나'로서 평등해야 한다.

가족은 '이심전심'이 아닌 '동상이몽'으로 가득 차 있다

'나'를 주어로 해서 대화를 시작하면 신기하게도 모든 일에 예의
바르게 말한다.

"오늘 하루는 어땠어요? 나는 이제부터 목욕을 할 생각인데,
당신은 어떻게 하시겠어요?"

마치 호텔 직원 같은 말투가 된다. '나'에서 출발하면 당신이
라는 다른 '나'도 성립한다.

여기서 나와 다른 당신이 태어나고, 그 사이에 경계가 가로놓
인다. 거리를 두는 것은 이처럼 타자와 경계를 만드는 행위이다.
심리학에서 자아경계라는 단어를 많이 사용하지만, 실제로 어
떻게 하면 좋은지는 제대로 설명하지 않는다. 앞서 말한 바와 같
이 '나'를 주어로 말하면서, 즉 타인에게 바른 말투를 사용함으
로써 경계가 만들어진다.

인사하기도 거리와 경계 형성에 도움이 된다. 이웃 사람에게
인사를 하는 이유는 거리를 가늠하기 위해서이다. "고마워"라는
말을 굳이 하지 않는 가족도 많다. 이는 거리감 없이 친밀한 가
족이거나 거리감도 없이 얽혀 폭력을 내포한 가족, 둘 중 하나일
것이다.

우리는 일단 가족에게 철저히 '나'를 주어로 하는 대화를 권
한다. 관계의 변혁은 모두 대화에서 시작된다고 해도 과언이 아

니기 때문이다.

마음만 담는 게 아니라 "당신을 소중하게 생각한다"라고 말로 전하는 것, 애정만 듬뿍 담는 게 아니라 "네 말에 엄마는 정말로 기뻤어" 하고 전달하는 것이다. 가족은 '굳이 말을 안 해도 되는' '이심전심'이 아니다. 대부분은 동상이몽이고, 어긋난 입체교차로 같은 관계로 가득하다. 그렇기에 '마음이 아니라 형식으로 접근한다'는 점을 강조하고 싶다.

2부 가족의 저항

1장 피해자의 불행 비교를 어떻게 막을까

제2의 전후

2011년 3월 11일에 일어난 동일본 대지진을 결코 잊어서는 안될 것이다. 그 이후에도 구마모토 지진 및 서일본 호우라는 여러 재해가 덮쳤지만, 도쿄에 살고 있는 나에게는 3·11이 무엇보다 커다란 사건이었다. 동일본 대지진을 둘러싸고 무수한 논의와 저작이 세상에 나왔다. 그중 원자력발전소 사고와 방사능에 관해서는 "상황은 잘 통제되고 있습니다"라는 아베 수상의 발언과 정반대로 현재까지 다양한 문제가 남아 있다.

1945년 8월 15일 패전으로 모두 끝난 게 아니었듯, 재난 이후 약 10년이 지난 지금도 피해 지역은 이전과 같지 않으며 우리에게도 피해는 계속되고 있다. 동일본 대지진은 제2의 패전, 제2의 전후를 초래했다는 말에도 고개를 끄덕이게 된다.

그날 이후 한동안 수도권에서는 대화할 때 습관적으로 "그때 어떻게 했어?"라는 말을 나누곤 했다. 오후 2시 46분에 무엇을 하고 있었는지, 그 뒤 어떻게 집에 갔는지, 수도권에 사는 사람은 누구나 자신만의 체험담이 있을 것이다. 쓰나미 피해는 없었다고 하나, 진도 5의 흔들림으로 교통이 마비되면서 큰 혼란이 일어나고 사재기까지 횡행해 수도권도 반쯤 피해 지역처럼 변해 있었다. 절전이라는 명목으로 등화관제 사태가 계속되었기 때문에, 터미널이나 역은 어둠침침했고 음식점도 영업시간을 줄여 일찍 문을 닫았다. 활기를 잃은 번화가는 숨을 죽이고 있는 듯했다. 지인 중 외국인은 거의 모두 긴급히 자국으로 돌아갔다.

직장 동료 중 프랑스 국적의 스태프는 재난 직후에 '방사능에 오염될 우려가 있으니 프랑스로 귀국하라'는 대사관의 연락을 받았음에도 "난 그런 거 아무렇지도 않아!"라고 말하며 일본에 남았다. 신오쿠보의 한국음식점도 반 정도는 가게 문을 닫는 바람에, 기운을 얻으려고 감자탕을 먹으러 갔던 나는 열린 가게를 찾는 데 어려움을 겪기도 했다.

3월 하순부터 일 때문에 나고야, 교토, 하카타를 각각 방문할 기회가 있었는데, 지진에 대한 온도 차를 느끼고 충격을 받았다. 나고야역에는 불빛이 휘황찬란했고, 거리에는 도요타 자동차가 힘차게 달리고 있었다. 하카타의 택시 운전사는 동일본 대지진을 마치 먼 나라에서 일어난 일처럼 이야기했다. 하카타 사람들도 활기차고 밝았다. 극단적인 도쿄 집중 현상에 대한 평소의 울분이 역전된 것처럼 느꼈다면, 내 피해 의식일까.

일본 전체가 지진 피해로 무기력에 빠져 있으리라는 착각은 도쿄에 사는 나의 교만이었을지도 모른다. 택시를 타든, 포장마차에서 음식을 먹든, 하카타에서는 규슈 신칸센 추가 개통과 지역 축제만 주된 화젯거리였다.

PTSD의 등장

피해에 대해 말하려고 하면, 일단 PTSD부터 설명해야 한다. 이미 많은 전문 서적이 나와 있으므로 간단히 기술하겠다.

1995년 1월 17일에 일어난 한신·아와지 대지진 직후부터 '심리 케어'를 부르짖는 경향이 생겨나 정신의학·임상심리학에 커다란 영향을 끼쳤다. 사람들은 미디어를 통해 재난이 물리적 손해뿐만 아니라 사람들의 정신에도 엄청난 영향을 미친다는 사실을 공유했다. '마음의 상처'라는 세련된 유행어는 우울증을 '마음의 감기'라고 표현하는 흐름과도 상통하는데, 일본에서 트라우마라는 단어가 단숨에 일상 용어가 된 시기도 1995년부터였다.

트라우마라는 단어는 철도 재해가 발단이 되어 등장했다. 이전에는 없었던 대량 인명 피해가 일어나면서 주목하게 되었던 것이다. 기초 내용만 설명하자면 PTSD란 ① 재경험(침입적 상기), ② 마비·회피, ③ 과각성過覺醒, 이렇게 세 가지를 지표로 구조화된 면접을 통해 진단하는 질환 단위이다. 정신과의사가 진단을 내리려면 이 세 가지 증상을 충족해야 한다.

PTSD라는 진단명은 1980년 미국정신의학회가 내놓은 DSM-Ⅲ에 처음 등장했다. 1975년에 끝난 베트남 전쟁 귀환병들에 대한 전후 보상의 일환인 측면이 있다. 이로써 국가가 일으킨 전쟁에 따른 심리적 외상을 인정받았고, 귀환병 전문 병원도 많이 만들어졌다.

이와 병행하여 가족 내 폭력 피해자도 PTSD를 인정받아야 한다는 움직임이 일어났다. 미국의 정신과의사 주디스 루이스 허먼 등은 당시에 일어난 제2물결 페미니즘과 연동하여, 많은 여성과 아동이 가족이라는 사적 공간 안에서 폭력 피해를 입고 있음을 고발했다. 이처럼 PTSD는 출발점부터 정치적인 색채를 띠었다. 국가와 가족이라는 양극단에 의한 폭력 피해를 인정받기 위해 비장의 카드로 내놓은 진단명이었다.

일본에서도 1995년 한신·아와지 대지진이 일어난 다음 해에 어덜트 칠드런 붐이 일어났다. 어덜트 칠드런은 부모에게 입은 피해를 자각한 사람으로서 가족 폭력의 피해를 표면화하는 데 앞장섰다. 미국보다 15년 늦게 일본에서도 재난과 가족이라는 양극단에게 입은 피해를 인정하는 말로서 PTSD, 트라우마라는 단어가 단숨에 퍼져 나갔다.

상담 현장에서 본 지진의 영향

카운슬링센터는 3·11 다음 날도 쉬지 않았다. 나를 포함한 모든 스태프는 혼란과 불안 속에서 상담 업무를 실시해야 했다. 미리

예약한 내담자를 위해서라도 마음대로 쉴 수 없는 노릇이었다.

상담자 개인의 동요나 불안은 가능한 내담자에게 전해지지 않도록 주의해야 한다. 내담자는 엘리베이터를 타고 올라와 입장→수납처→요금 지불→상담실 입장→상담이라는 안정된 구성 요소를 거치며 마음을 가라앉힌다. 항상 그렇듯이 눈앞에 상담자가 존재함으로써 내담자는 자신의 변화에만 의식을 집중할 수 있고, 그래야만 상담 효과도 높아진다. 따라서 상담자는 전문가로서 최소한의 의무인 심신의 건강을 엄격하게 관리해야 한다.

정신과진료를 받으러 가면 환자인 자신이 매번 의사의 푸념을 들어 준다는 체험담을 털어놓는 내담자도 많은데, 이에 관해서는 논외로 하자. 지진 이후는 그리 편안한 나날이 아니었지만, 그 와중에도 깨달은 점이 몇 가지 있다.

3.11 ~ 5월 중순

지진이 일어나고 약 2개월 동안 내담자들에게 다양한 반응이 보였다. 크게 나누자면 ① 건강해진 사람, ② 컨디션이 무너져 악화된 사람, ③ 변화가 없는 사람, 이렇게 세 가지이다.

① 건강해진 사람

이런 경우는 꽤 많다. 일반인은 이해하기 어렵겠지만 사실이다. 몇 가지 예를 들어 보자.

• 히키코모리

이들은 얼굴에도 윤기가 흐르고, 말할 때는 열변을 토하며, 상담 예약 시간보다 일찍 와서 우리를 놀라게 했다.

트위터에 항상 어두운 글을 올리던 사람들이 지진 이후에 갑자기 "차분해지자", "지금은 TV 같은 걸 안 보는 게 좋다"라는 등 전도사처럼 변모해서 에너지 넘치는 발언을 반복했다. 자신이 타자의 입장에 있고, 누군가를 도울 수 있다는 자기효능감을 획득한 것으로 보였다.

• 피해망상

정신과의사의 소개로 방문해, 약을 먹으면서 상담을 계속하던 사람들은 이전과 달리 차분한 모습을 보였다. 한 남성은 상담자인 내가 왠지 안정을 찾지 못하고 있음을 날카롭게 감지하고 "괜찮을 겁니다", "보험에는 가입하셨습니까?", "정보를 좀 알려 드릴까요?" 하고 이때까지의 모습으로는 상상도 하기 어려운 안정되고 현실적인 반응을 보였다. 어느 쪽이 상담자인지 모를 정도로 '믿음직'했다. 그 일부는 당시에 횡행하던 음모론의 굳건한 신봉자였다.

지진 이전에는 "이러다가는 사회 복귀도 못 하지 않을까", "정신과 데이케어daycare[1]에도 적응 못 하는 나는 이제 약이나 먹고

---

1 낮에는 병원에서 치료를 받고 밤에는 집에 돌아가 생활하는 치료 방법. 정신과에서

부모에게나 의존하며 본가 방구석에서 살아가는 수밖에 없나"
하고 호소하던 사람이 원전을 둘러싸고 연일 쏟아지는 보도를
보며 "해저의 거대한 폭발로 쓰나미가 일어났다고 말하지 않는
걸 보니 미디어가 잘못됐다"라고 주장했다.

세계가 종잡을 수 없고 통합되지 못하는 인상을 주는데도 대
상을 구체화함으로써 평정심을 되찾아, 오히려 우리를 보호하
고 지원하는 입장으로 돌아섰다.

정신적 질환·증상이 개인의 정신세계 안에서 닫혀 있지 않고
살아 있는 세계와의 상호작용 및 상담자와의 관계에 따라 크게
변동하는 좋은 예이다. 평소에는 그들의 정신세계가 불안과 공
포로 가득 차 있지만, 외부 세계가 그것을 뛰어넘어 혼란과 공포
에 가득 차면 상대적으로 그들의 정신세계는 안정을 찾는다. 거
기에다 혼란과 불안에 대한 내성은 우리보다 훨씬 풍부한 만큼,
더 차분함을 보이며 역할의 역전까지도 일으킨다.

• 의존증(중독)

많은 알코올의존증 환자는 금주 후 3개월 정도가 지나면 우울
상태에 빠진다. 처음 술을 끊었을 때는 핑크색 구름 신드롬이라
고 하는, '술을 끊다니, 난 정말 대단해!' 하는 전능한 느낌에 빠

주로 이용하던 방법이지만, 최근에는 노인, 아동 돌봄 등 다양한 분야에서 활용하고
있다.

진다. 그래서 활기차게 '죽을 때까지 금주할 수 있겠군', '술 같은 건 금방 끊을 수 있지' 하고 호언장담한다. 그런데 3개월이 지난 시점부터 '어쩌면 내가 인생에서 그저 술만 빼앗긴 게 아닌가? 보통 사람들은 술도 마시고 일도 하는데, 대체 술을 끊는 게 무슨 의미가 있지?' 하고 생각하기 시작하며 점점 컨디션이 떨어지고 우울 상태에 쉽게 빠져든다.

집에만 틀어박혀 있느라 몸 상태가 나빠진 한 의존증 남성은, 지진이 일어난 뒤에 확 바뀌었다. "한동안 자원봉사를 하러 다녀오겠습니다!" 하고 밝은 목소리로 전화를 하더니, 한 달 반 동안 이와테현에서 돌아오지 않았다. 어머니에게 듣기로는 지진이 일어난 바로 다음 날 차를 몰고 나갔다고 한다. "그렇게 생기 있는 얼굴을 한 아들은 오랜만에 봤어요. 왠지 기분이 좋아 보이더라고요"라고 했다.

상담만이 아니라 정신과 데이케어에서도 이러한 현상은 많이 나타났다고 한다. 약물이며 도박 등 의존증을 겪는 남성들 중에는 커다란 재난이나 변동이 일어나면 갑자기 돌변하여 건강해지는 경우가 많다.

알코올이나 약이라는 물질로, 혹은 도박이라는 행위로 자신의 정신 상태를 통제하려고 시도하다가 결국 어쩔 도리가 없는 상태에 빠지는 것이 의존증이다. 의존증 환자들은 한잔만 하면 좋아질 거다, 도박을 할 때만큼은 나의 비참함을 잊을 수 있다, 어쩌면 이때까지의 인생을 모두 만회할 수 있을지도 모른다는 터무니없는 희망에 잠긴다.

　3월 11일의 그 사고는 일종의 한계 상황을 초래했다. 사고를 직면함으로써 방출되는 뇌 내 물질 때문에 그들은 일시적인 흥분 상태에 빠졌다. 일부러 벼랑 끝을 내려다보는 행동을 하는 이유는 엔도르핀(러너스 하이를 비롯한 극도의 희열을 낳는다)이 방출되는 쾌감을 얻기 위해서이다.

　그들은 지진 보도를 보며 술이나 약, 도박을 통하지 않고도 쾌감을 얻을 수 있으리라 확신하고서, 이끌려 가듯이 피해 지역으로 향한 것이다.

● 성폭력 피해자

강간 피해를 입은 여성들 중에서도 건강해진 사람은 많았다. 이들은 "피해 지역의 상황에 비하면 내가 겪은 일쯤은 아무것도 아니구나, 사치스러운 일이구나 하고 생각했어요"라고 말했다. 과호흡 발작이 일어날까 무서워 전철도 못 타고 차로 멀리 가지도 못하던 사람이, 버스를 몇 대나 갈아타고 이바라키현 해안에 있는 지인의 집까지 가서 쓰나미 피해 복구를 도왔다고 한다. '미안하다', '이렇게 집에 가만히 있으면 안 되겠다'라고 생각해 불현듯 밖으로 나섰다는 것이다.

　이러한 심리적 기제, '내 불행 따위는 그들에 비하면 대단하지 않다'라는 태도를 하향 비교라고 한다. 뒤에서 더 자세히 설명하겠다.

• 어머니에게 폭력을 휘두른 딸

어머니에게 폭력을 휘둘러 부모와 별거한 뒤 혼자 살고 있는 25세의 여성은, 지진이 나자 본가에 잠옷 바람으로 뛰어갔다. 물론 피난을 간 것인데, 어머니의 얼굴을 본 딸이 입을 열어 처음 한 말은 "괜찮아?"였다. 딸의 눈은 아직 사이가 좋았던 사춘기 즈음의 눈빛이었다.

딸은 부랴부랴 손에 잡히는 대로 잠옷 위에 코트를 걸치고 어머니와 함께 신칸센을 탔다. 가능한 서쪽으로 도망가자고 둘이서 맹세하고는, 서쪽 지방 어느 도시의 호텔 방에서 한 달 동안 같이 살았다. 5년 만의 일이었다.

얼핏 보기에는 마치 지진에 대한 불안 덕분에 모녀의 인연이 회복된 듯하지만, 과연 그럴까. 앞선 예들처럼 외부의 재앙이 어머니에 대한 양가적인 감정을 통합시킨 것일지도 모른다. 한없는 공포와 증오, 왜 나를 낳았는가, 왜 이렇게 될 때까지 내게 신경을 쓰지 않았는가 하는 원망. 그럼에도 나를 구해 줄 사람은 당신뿐이라는, 어머니에 대한 깊고 거대한 마음과 의존심. 어쩔 수 없이 갈라져 버렸다가 지진 덕분에 기적적으로 하나가 된 것이다.

딸은 흔들림에 대한 공포보다 어머니의 죽음에 더 겁을 먹었고, 그것만은 피하고 싶어서 잠옷 차림으로 본가에 돌아갔다. 어머니는 반대로 딸이 자신에게 의지하려고 왔다는 사실에 온몸이 떨릴 만큼 만족감을 느끼고, 일련의 사태에도 운명 공동체가 되어 손에 손을 잡고 서쪽으로 향했다.

사회가 차분히 가라앉고 안정을 되찾은 듯 보이는 데 반비례해서 딸은 다시 불안정해졌고, 어머니에게 폭력을 휘둘러 경찰이 출동하는 사태가 벌어졌다고 한다. 그 뒤 어머니는 딸이 살아 있어 주기만을 바라고 있다.

② 컨디션이 무너져 악화된 사람

강박신경증, 불안신경증이 있었던 사람은 지진 후에 상태가 크게 악화되었다. 쓰나미 보도에다 원자력 발전소 사고 보도까지 접하며 미디어 스트레스를 겪던 이들은 인터넷에서 줄곧 정보만 검색하고 있었다. 멜트다운meltdown[2]을 예측했던 것도 이들이었다.

강박 행동이란 괴로워서 그만두고 싶어도 멈추지 못하는 행동이다. 이들은 인터넷 정보 검색·수집을 멈추지 못한다. "PC를 보면 어느새 검색을 하고 있다"며 울먹이는 사람, 규슈까지 도망쳤지만 경제적인 문제로 계속 있지 못하고 도쿄로 돌아온 사람도 있었다. 방사능 계측기를 몇 대나 구입할 정도로 음식이며 물, 공기까지 모든 것에 불안감을 떨치지 못하다가 식욕 부진과 불면으로 이어져, 체중이 한 달 만에 5킬로그램이나 감소한 사람도 드물지 않았다. 그중 일부는 인공지진설을 믿고, 노아의 방

---

2 원자로의 냉각 장치가 정지되어, 내부의 열이 이상 상승하면서 연료인 우라늄을 용해함으로써 원자로 노심(爐心)이 녹아 버리는 중대한 사고를 말한다.

주 같은 종말론적인 세계에 골몰해 있었다. 상담에도 오지 않게 된 사람들은 그 뒤 어떻게 되었을까.

성폭력 피해·DV 피해·학대 피해로 상담을 하러 왔던 사람들도 대부분 컨디션이 무너졌다. 한신·아와지 대지진 때에도 널리 일어났던 현상인데, TV로 피해 지역 중계를 보다가 과거의 피해 경험이 되살아난 것이다. 고베의 고속도로가 엿가락처럼 구부러진 광경을 보고 있는데, 남편이 갑자기 히로시마에서 겪은 원폭의 기억을 말하기 시작해서 깜짝 놀랐다는 아내의 이야기를 들은 적이 있다. 결혼한 뒤 한 번도 피폭 체험을 언급한 일이 없었던 남편인데, 말하기 시작하니 한 시간 동안이나 멈추지 않더라고 했다. 쓰나미 때문에 이 세상이 아닌 듯 초현실적으로 변한 광경을 TV 화면으로 보던 한 DV 피해자는 남편에게서 도망친 지 1년 반 이상 지났음에도, 동이 틀 때까지 거실 바닥에 꿇어앉혀 비난을 쏟아 내던 남편의 목소리가 단숨에 되살아났다고 한다.

나는 여기에 '고구마 덩굴식 플래시백', '후릿그물 체험' 등 멋대로 이름을 붙였다. 충격적인 사건이 방아쇠가 되어 과거의 트라우마를 주르르 끌고 나오는 것이다. 이 회로에 들어가면 현실의 지진 피해에 과거의 여러 피해가 겹쳐져 압도당해 버린다. 대부분 우울증 상태에서 벗어나지 못하며, 잠잠해졌던 악몽이 재발하거나 신체 증상(천식, 아토피, 두통 등)이 악화되기도 한다.

③ 변화가 없는 사람

지진 후에도 아무 일 없는 듯 이전과 마찬가지로 생활하는 사람도 있었다. 대부분은 DV를 지속적으로 경험한 사람, 섭식장애가 있는 딸이나 히키코모리 아들에게 폭언, 폭행 등을 당해 온 사람이다. 대부분 여성이고 가족을 책임지고 있으며, 거기서 벗어날 생각조차 하지 못한다.

이들에게도 지진은 명백히 비참한 사건이지만, 현재 가족의 문제를 호전시켜 줄 만한 사건은 아니다. 아들이나 딸이 평범한 모습으로 돌아오기만을, 남편이 폭력을 휘두르지 않고 다정해지기만을 바라는 여성들에게는 그에 유효한가, 그렇지 않은가 하는 점만이 의미가 있다.

반대로 말하면 그만큼 이들의 생활은 절박하다. 지진의 충격에 필적할 정도의 공포나 불안을 안고서 일상생활을 하고 있음이 그 변함없는 모습에서 드러나는 것이다. 지면이 흔들리고 원자력 발전소가 폭발할지도 모른다는 공포보다 눈앞에 있는 남편에게 느끼는 공포가 더 크다.

지진이 일어난 다음 날, 기적적으로 운행되었던 지하철을 타고 상담을 하러 왔던 사람은 남편의 알코올 문제로 고통스러워하던 70세 여성이었다. 그 여성이나 남편이나 TV를 거의 보지 않았다. 남편은 소량이기는 하지만 하루 종일 술을 마셨고 시종일관 대소변을 지렸다. 남편은 아버지에게 물려받은 회사를 경영해서 경제적으로는 풍족했는데, 알코올 문제가 표면에 드러나지 못한 데는 그런 이유도 있었다. 이 여성이 상담을 받으러 온 이유는 남편의 대소변 문제로 괴로웠기 때문이었다. 의사에게 상담하기도 곤란했고 체면 때문에 보건소에 가기도 망설여졌다.

때맞춰 화장실에 가지 못하고 집 안에 대소변을 지렸기 때문에 그녀는 남편을 늘 지켜봐야 했다. 그러다 보니 아무리 무시무시한 진동을 경험해도 남편의 배설물 처리가 더 큰 문제였다. 그녀는 상담을 받으러 와서야 처음으로 도호쿠 지방의 피해 실태와 후쿠시마 원전 문제를 알게 되었다.

6월 이후

5월 연휴가 지날 때까지는 특별히 지진에 대해 이야기하지 않았고 앞서 언급한 사람들에 비하면 영향을 크게 받지 않은 듯했던 사람들이 5월 후반부터 6월에 걸쳐 다양한 변화를 보이기 시작했다. 대부분 "지금이니까 하는 말인데요…" 하고 서두를 붙인 다음, 지진 이후에 얼마나 힘들었는지 이야기했다.

"딱히 감출 이유는 없었지만, 말이 나오지 않았어요." "이유를 몰라서 표현하려고도 하지 않았는데, 돌이켜보면 그것도 지진의 영향이었을지 모르겠네요." 이런 말들은 어느 정도 일정한 시간이 경과해야만 언어화가 가능한 체험이었음을 드러낸다. 정신과의사 미야지 나오코宮地尚子가 『둥근 고리 모양의 섬: 트라우마 지정학』環状島 — トラウマの地政学(2007)에서 기술한 바와 같이, 피

해자는 말하지 못하는 경우가 많기 때문이다.

재난 직후 망연자실하면서도 어쨌든 일상생활의 리듬만은 지키려고 하거나, 평소처럼 출퇴근하고 신문을 읽지만 글자가 전혀 눈에 들어오지 않는 일이 광범위하게 일어나고 있었던 것이다. 증거는 없지만, 3개월이라는 시간의 퇴적에는 어떤 의미가 있으리라는 생각이 든다.

많은 알코올의존증 환자는 3개월마다 미끄러지기를 반복하고, 상담도 3개월 정도 하다 보면 일정한 목표에 도달한다. 이것이 습관 형성에 필요한 시간인지, 아니면 신체 반응의 역치와 관련된 시간인지, 내게는 아직 분명치 않다. 하지만 지진 이후 3개월 전후부터 수도권에 거주하는 내담자들 가운데 이러한 변화가 일어나기 시작한 것만은 분명하다.

우리 센터에는 피해 지역에서 오는 내담자도 많다. 다행히 지진에 희생된 사람은 없고, 5월 말 즈음부터 도로 및 신칸센이 조금씩 개통하면서 내담자들도 돌아왔다. 도쿄에 상담을 하러 올 정도의 경제력과 강한 동기가 있는 사람들이다. 이들은 미디어나 지원 활동을 하는 사람들에게서는 듣지 못할 체험을 생생하게 이야기해 주었다. 또한 동종 업계 사람들에게서도 정보가 들어오기 시작했다. 지진 직후에는 생활 인프라를 확보하고 안정시키느라 정신이 없었던 사람들이 6월에 들어서자 상담을 요청하는 경우가 늘었다고 했다.

이처럼 지진 후 3개월이 경과해서야 처음으로 피해가 언어화되어 표출된다. 즉 소급적으로 체험을 구조화·대상화하여 이야기로 만드는 작업을 진행하기 시작했다고 하겠다.

의미 부여가 트라우마를 발생시키는 계기가 된다

하지만 언어화가 진행되기 시작했다는 사실은 새로운 난제가 드러남을 의미한다. 트라우마 반응·PTSD는 아무에게나 일어나지 않는다. 아버지에게 성학대를 경험한 사람 중에도 무겁고 깊은 장애를 입는 여성이 있다면, "과거 일은 흘려보냈다"며 언뜻 보기에는 강인하게 살아가는 여성도 있다. 중요한 점은 그러한 사건·체험의 의미를 어떻게 인식하는가이다. 의미 부여 자체가 트라우마를 발현시키는 계기가 되기 때문이다.

3개월이라는 시간을 지나는 동안, 대체 지진이 무엇을 초래했고 무엇을 상실하게 만들었는지 성찰하는 작업과 더불어 의미를 부여하려는 욕망이 생겨난다. 정신과의사 오카노 겐이치로岡野憲一郎는 「피해와 PTSD: 쓰나미 흉내 내기는 위로가 되는가」災害とPTSD — 津波ごっこは癒しになるか?(2011)에서 그러한 욕망이 PTSD의 발현을 충족한다고 썼다. 경험을 말하거나 재현함으로써 충격이 완만해진다는 주장은 오해라고 했다. 어린아이들은 그 때문에 플래시백으로 괴로움을 겪을 가능성도 있기 때문이다. 또한 PTSD라고 이름 붙여 케어하지 않으면, 때로는 자살과 같은 다른 형태로 드러날 가능성도 있다.

2011년 8월에 들어서자 여러 상담기관에서 악몽을 꾸거나 플래시백이 일어난다는 상담이 증가했다. 3개월부터 6개월에 걸쳐 사건의 영향이 물리적·경제적 피해에서 심리적 피해의 발현으로 조금씩 전환해 갔다고 할 수 있지 않을까. DV 피해자가 PTSD 증상을 명확하게 인지하는 시점도 이들이 남편과 떨어져 본가로 돌아가거나 별거 생활을 시작하면서인 경우가 많다. 물리적·공간적으로 안전이 보장된 다음에 증상이 나타나기 때문에, PTSD 메커니즘에 대한 지식이 없는 사람에게 "엄살 부린다"는 등 무심한 말을 듣고 2차 피해를 입는 일도 있다.

하향 비교

앞서 기술한 3·11 동일본 대지진 이후 '건강해진 사람' 중에서 성폭력 피해자에게서 보이는 유형을 미국 심리학자 토머스 A. 윌스Thomas A. Wills는 하향 비교Downward Comparison라고 부른다("Downward Comparison Principles in Social Psychology", *Psychological Bulletin*, vol. 90, no. 2, 1981, pp. 245~271 참조). 상향 비교는 자신보다 우위에 있는 사람과 비교하는, 일상적으로 친숙한 행위다. 하지만 하향 비교는 사람의 자존감이 현저히 손상되었을 때 일어나는 행위이다. 자신보다 불행한 누군가와 비교함으로써 주관적인 행복감well-being을 높일 수 있기 때문이다. 일본 사회에서는 여기서 한 발 더 나아가, 더 불행한 사람과 비교하면 내 불행은 아무것도 아니니 참아야 한다고 여긴다.

　3·11 대지진 발생 뒤, 내담자들을 괴롭혔던 또 다른 문제가 하

향 비교였다. 이해하기 쉽도록 '불행의 비교'라고도 부르는데, 피해 지역의 상황이 명확해지면서 이러한 하향 비교가 광범위하게 일어났다. 개인 단위로 일어났다면 별문제는 없었겠지만, 실제로는 '자숙하라'며 타자를 강제하는 힘으로 바뀌었다. 약 10년이 지난 현재의 코로나 상황에서도 '자숙경찰'[3]은 확실히 힘을 발휘하고 있다.

예를 들어 보자. 한 내담자가 피해 지역에서 자신과 비슷한 신경증으로 고통스러워하는 사람들의 괴로움을 함께 나누고 싶다는 글을 인터넷에 올리자, 여기에 악성 댓글이 쇄도했다. 피해 지역의 사람들은 신경증 이전에 가족을 쓰나미로 잃고 당장 내일 식사며 용변 문제로 괴로워하는데 이런 글이나 써서 올리느냐는 메시지가 산더미처럼 쌓인 것이다. 공포를 느낀 이 여성은 결국 컴퓨터를 만지지도 못하게 되었다고 한다.

그녀에 대한 익명의 비판·비난은 하향 비교를 이용한 타자 때리기bashing이다. 더 복잡한 문제는 피해자의 마음을 제멋대로 대변하고 있다는 점이다. '그들이 얼마나 고통받고 있는데 그런 하찮은 일쯤은 당신이 참아야 한다'라는, 아주 익숙하게 보아 온 '세상'이라는 이름의 압력, 그 변형 버전이다.

당시에 간 나오토 수상의 피난소 방문 영상을 TV 뉴스로 본

---

3   실제 경찰이 아니라, 코로나 감염을 예방한다며 방역수칙을 제대로 지키는지 광적으로 감시하는 시민들을 가리킨다. 마스크를 쓰지 않은 사람에게 폭언을 하거나 음식점 영업을 방해하고 테러에 가까운 협박을 하는 등의 행동으로 일본에서 문제가 되었다.

적이 있다. 한 피해자가 수상에게 "당신도 여기서 살아 봐!" 하고
내뱉는 순간, 아주 싫어하는 장면을 목격한 기분이 들었다. 앞서
말한 때리기를 보았을 때와 비슷한 느낌이었다.

더 거슬러 올라가 보면, 제2차 세계대전 중에 나라를 위해 싸
우는 병사들을 생각해 사치를 해서는 안 된다며 참고 견디던 일
본인들의 모습과 어딘지 겹치지 않는가. 자신의 불행을 더한 불
행과 비교해서 우선 일시적인 평안을 얻는 것. 자신보다 아래에
있는 사람들을 위해서라고 말하지만, 사실은 자신의 안녕을 위
해서 차별화하는 작업과 다르지 않다. 그뿐만 아니라 안녕을 잃
고 불행을 견디는 자신을 납득시키기 위해, 참지 않고 제멋대로
구는 타자를 격렬하게 증오하고 끌어내린다.

참고 견디는 고통의 가치를 내세워 타자를 책망한다. 이 가치
는 뒤에 이야기할 '피해자'라는 점에서 생겨난 면책성을 원천으
로 한다.

얽매임 없이 불행과 고통, 공포를 인정하자

하향 비교로 생겨나는 것도 확실히 존재한다. 사례로 들었던 여
성처럼 이를 계기로 일상생활로 돌아오는 경우도 있겠고, 피해
지역을 생각해 괴로운 현실을 참는 사람도 있을 것이다. 일본의
상식에서는 하향 비교를 오히려 칭찬하는 편이다.

하지만 원래 자신의 존재 기반이 위태로울 때 하향 비교가 생
겨나기 때문에, 그것을 통해 얻을 수 있는 만족감은 취약하고 오

래 지속되지 않는다. 이를 보상하는 것이 묘한 평등 논리이다. 자신이 이렇게 참고 있는데 왜 그 사람만 허락되는가 하는 불평등한 느낌이 타자를 끌어내리고 때리기로 향하게 만든다. '자숙'이라는 이름으로 행하는 강제는 마치 상호감시 사회의 축약판을 보는 느낌이다.

하향 비교, 불행 비교는 피하자. 이렇게 스스로 타이르면서 독특한 사회 분위기 속을 지나왔던 기억이 코로나 사태를 맞아 다시 되살아난다. 지금 존재하는 고통과 불행을 피해자와 비교해서 부정하는 태도는 얼핏 피해자를 생각하는 것처럼 보이지만, 사실은 차별임을 강조하고 싶다. 게다가 자신의 불행(이라는 주관)을 부인하고 억압한다. 억압은 더한 하향 비교를 낳고 연쇄는 계속 이어질 것이다.

얽매임 없이 당당하게 불행과 고통, 공포를 인정하는 일. 지금 자신이 느끼는 주관과 감각을 누구와도 비교할 수 없는 고유한 것으로서 승인하는 일. 그것이 하향 비교 및 그 속에서 발생하는 차별, 타자에 대한 강제, 비뚤어진 평등 논리를 제어해 주지 않을까. 일본 사회에 변함없이 가득 차 있는, 내부를 향한 압박의 한 부분이 조금은 누그러지지 않을까.

피해자로서의 당사자성과 피해자 권력의 발로

불행 비교는 피해자 사이에서 빈번하게 발생한다. 처음으로 상담을 하러 방문하는 여성들은 대부분 피해 정도를 비교하며 "저

같은 사람을 피해자라고 말해도 되나요?"라고 말한다.

피해자라는 인식은 더없이 참담하면서도 한편으로 기막힌 해방감을 가져다준다. 지진의 책임은 피해자에게 있지 않다. 쓰나미로 모두 파괴되어 버린 데 대한 책임은 아무에게도 없다. 자신들은 잘못하지 않았다. 피해자라는 말은 이렇게 면책성을 주장할 수 있는 공명정대한 감각과, 한편으로 그에 동반하는 허무함을 내포하고 있다. 허무함과 상실감 위에서 피해자의 면책성은 터무니없는 승인 욕구로 바뀌어 갈지도 모른다. 그것이 충족되기 어렵다는 사실은 피해자도 알지만, 그렇기에 승인·구제의 열망은 더욱 끝없이 거대해진다.

이러한 열망을 종교적 구제나 착실한 정치적·정책적 접근이 흡수할 수 있을까. 어느 쪽에서도 벽을 느끼고 갈 곳을 잃으면, 승인 욕구는 면책성을 무기로 삼아 공격하고 지배하려 든다. 모든 책임을 면제받은 피해자이기에 휘두를 수 있는 힘으로 피해자임을 과시하고 모든 책임을 상대에게 지우며 때리기를 하는 것이다. 말하자면 모두 잃은 사람들의 한 방 역전이다. 이를 '피해자 권력'의 발로라고 부르고 싶다.

앞서 이야기했던, 전직 수상에게 날아든 말이 내게 혐오스럽게 들린 이유는 그 말에서 피해자 권력을 감지했기 때문이다.

일본은 지진 이후 표면적으로는 부흥을 이루어 냈다며 아무 일도 없다는 듯이 올림픽을 추진했다. 그러나 앞서 언급한 내담자들에게 일어난 변화는 일본의 깊은 곳에서 조용히 진행되고 있는 변화의 한 부분을 드러낸다.

'아무것도 변하지 않았다, 지금까지 해온 대로 생활하면 된다'라는 식의 부인은, 역설적으로 일본의 가족에서 일어나고 있는 변화에 한층 박차를 가하게 될 것이다.

재난 피해와 가정 내 폭력(DV와 학대) 피해, 성폭력 피해 그리고 전쟁 피해는 큰 맥락에서 연결되어 있다. 한쪽 끝에 숨어 있는 사적 피해 경험은 연결선의 또 다른 끝에 있는 거대한 피해에서 되살아날지도 모른다.

DV 피해자의 하향 비교, 불행 비교를 어떻게 막을까. 피해자로서 당사자성을 획득하는 것과 피해자의 권력화를 구분하는 것은 과연 무엇일까. 내게는 떨쳐지지 않는 질문이다. 어쩌면 이 질문이 지원이란 무엇인가에 대한 대답과 지원 활동을 하는 이들을 연결해 줄지도 모른다.

2장   가해자와 피해자의 만남이 지니는 의미

수수께끼 같은 영화

다르덴 형제의 영화 「아들」(2002)을 소개하고 싶다.

영화 시작과 동시에 카메라는 주연 배우의 움직임에 맞추어 격렬하게 진동한다. 이런 감각은 「A」, 「A2」[1]를 보았을 때와 똑같았다.

화면을 가만히 보고 있으면 마치 영화관이 흔들리는 듯 머리가 빙빙 돌기 시작한다. 뱃멀미와 비슷한 상태에서 점점 구역질이 치밀어 오른다. 어떻게 할까, 눈을 감아 버릴까 망설이는 동안 갑자기 잦아드는 이상한 감각이다.

---

[1]   도쿄 지하철 사린 테러 사건 이후의 옴진리교를 다룬 장편 다큐멘터리로, 두 작품 모두 모리 다쓰야(森達也) 감독이 연출했다. 1998년에 발표한 「A」가 테러 주범이었던 간부들이 구속된 뒤에 교단 홍보 활동의 중심에 섰던 한 청년을 다루었다면, 2001년의 속편 「A2」는 지역 교단과 인근 주민들이 겪는 갈등을 다루었다.

머리가 벗어지기 시작한 벨기에 배우 올리비에 구르메가 연기하는 주인공 올리비에(배우와 이름이 같다)는 목수이다. 카메라는 처음부터 그의 세밀한 동작을 아무 설명도 없이 집요하게 쫓아간다. 관객은 약간의 울렁증을 참으며 함께 올리비에라는 대상에게 서서히 다가가, 그의 얼굴, 눈, 시선까지도 생생한 객체로서 바라보게 된다.

그런데 어느 시점부터 카메라의 각도가 크게 바뀐다. 올리비에가 일하는 사회 복귀 훈련소에 입소한 소년을 보는 순간부터이다. 이때부터 올리비에의 시선과 카메라는 협력하기 시작해, 소년을 대상·객체로서 바라본다.

후반에 이르면 시점은 다시 크게 전환한다. 카메라는 크게 좌우로 이동하면서 주인공과 소년을 거의 같은 거리, 같은 간격으로 잡고 관계의 움직임을 묘사하기 시작한다.

올리비에는 소년원에서 막 출소한 그 소년을 훔쳐보고 따라다니다가, 끝내 소년이 사는 아파트에 몰래 들어가서 소년의 침대에 누워 천장을 바라보기도 한다. 배경을 알지 못하는 관객은 틀림없이 올리비에가 스토킹을 하고 있다고 생각할 것이다.

중반부터 명확해진다. 그의 아들은 살해되었고, 그 사건 뒤에 아내와 헤어졌으며, 아들을 살해한 사람이 바로 그 소년이다.

헤어진 아내는 올리비에가 하필이면 아들을 죽인 가해자의 훈련을 맡았다는 사실과 목공 지도를 한다며 같은 차에 타고 있었던 일을 격렬하게 비난하며 울부짖는다. "당신, 대체 무슨 생각을 하는 거야?" 아내를 달래는 올리비에의 묘한 표정이 화면에 클로즈업된다.

케어는 다정함이나 위로가 아니다

올리비에는 당연히 피해자의 입장이다. 누구보다 사랑하는 아들을 잃은 충격을 지금까지도 끌어안고 있고, 어쩌면 그 사건을 계기로 부부가 헤어졌을 터이기 때문이다.

그런데 피해자인 그는 무엇을 바라는 걸까. '심리 케어'일까. 그렇다면 대체 심리 케어란 무엇을 가리키는가.

주디스 L. 허먼은 저서 『트라우마』에서 심리적 외상에서 회복하는 과정을 3단계로 나눈다.

1단계 → 안전을 확립한다.
2단계 → 상기하고 애도한다.
3단계 → 일상과 다시 연결된다.

이 3단계는 이제 피해자를 지원하는 이들에게 널리 공유되어, 반쯤은 상식이 되었다.

여기서는 2단계에 주목해 보자. 상기想起란 말 그대로 떠올린다, 생각해 낸다는 의미이다. 외상적 기억에 대해서는 이미 많은 전문 서적이 나와 있으니 상세하게 기술하지는 않겠다.

상기란 그리 쉽지 않은 일이다. 말로 표현하는 것과 마찬가지

여서, 말을 하기 위해 문맥화하고 시간의 흐름에 따라 경험을 재구성하는 작업이 필요하기 때문이다. 많은 자조 모임에서 체험담을 이야기하는 것도 상기된 기억을 이야기로 재구성하려는 시도라고 볼 수 있다. 이러한 점은 『내러티브 임상사회학』ナラティヴの臨床社会学(2005)을 참조하기 바란다.

경험을 말하는 작업을 조금씩 진척시켜 가다 보면 반드시 맞닥뜨리는 질문이 있다. 『트라우마』에서 그 부분을 인용해 보자.

어떤 세대, 어떤 문화에서든 잔혹 행위의 생존자들은 모두, 증언을 하는 과정에서 모든 질문이 하나로 집약되는 시점에 이른다. 분노라기보다 오히려 당혹감에서 뱉어 내는 '왜?'이다. 그 답은 인간이 이해 가능한 한계를 넘어선다.

깊이를 가늠하기 어려운 질문을 넘어서면, 생존자는 역시 대답을 찾기 어려운 또 다른 질문에 직면한다. '왜 나인가?'이다.

여기서 '이해'란 출생 당시보다는 세상에 적응해 살아가면서 몸에 부착한 '합리적 행위자'(『공동성의 현대철학: 마음에서 사회로』共同性の現代哲学 — 心から社会へ, 2004)로서의 신념 체계를 뒷받침하는 것으로 파악할 수 있다. 합리적 행위의 조건은 몇 가지가 있는데, 예를 들면 '신념 내의 모순을 피하려고 한다', '타자가 왜 그처럼 행동하는지 설명하고 예측한다' 등이다.

피해자(그 가족도 여기 포함하자)는 불합리한 사건·사고 때문에 세계에 대한 신념, 질서에 대한 신뢰가 공공연하게 깨진 사람들이다.

"'대체 왜', '다른 누구도 아닌 내게' 이렇게 믿기 어려운 사건이 일어난 걸까?"

모든 피해자들이 반복적으로 자신에게, 또 신에게 이렇게 묻는다. 자신의 고통이 전혀 무의미한 것, 바람에 흩날리다 땅에 떨어져 썩어 버리는 낙엽과 마찬가지라는 사실을 인간은 견디지 못한다.

2단계의 상기가 괴로움을 불러오는 이유는 자신이 입은 피해·고통에 '의미'를 부여하는 신념 체계를 재건해야 하기 때문이다.

케어라는 말에서 연상되는 다정한 위로의 이미지와는 아주 먼, 원대한 에너지가 필요한 이 작업이야말로 실은 피해자 지원의 중심이 된다.

피해 경험의 의미 부여

올리비에에게 아들이 살해되었다는 사실은 '왜 대체 다른 사람이 아닌 내 아들이 살해당해야만 했는가'라는 질문과 함께 인식된다. 이 질문은 시간이 지남에 따라 점점 무게를 더해 간다.

그런데 어떻게 하면 여기에 의미를 부여할 수 있을까.

"자꾸 과거 경험에만 연연하지 말고, 발전적이고 긍정적인 자세로 미래를 바라보고 살아야지."

이렇게 진부하기 짝이 없는 조언은 거의 효과가 없다. 그런 자세가 가능하려면 피해 경험은 훨씬 오래전에 과거의 것이 되었어야 한다. 피해자의 내적 작업, 즉 마음속의 정리만으로 수습되지 않는다.

한편, 형벌이란 법에 따라 가해자가 재판받는 것이다. 자신과 똑같은 고통을 가해자도 받았고, 그것도 국가가 자신을 대신해 재판해 주었다는 신념 체계의 재건을 가져다준다. 그리고 가해자 처벌은 정의가 피해자에게 있고 가해자에게는 없다는 의미를 부여한다. 어쨌든 의미를 부여하는 주체가 국가이므로 피해자에게는 아주 중요하다.

하지만 개인의 작업과 국가의 형벌만으로는 피해자가 충분치 않다고 느낄 것이다.

의미 부여란 '대체 왜 다른 사람이 아닌 나(내 가족)에게'에 대한 답이 주어지는 것이다. 그렇다면 답을 주는 사람은 누구인가. 다른 누구도 아닌 가해자 자신이다.

가해자상의 구축 자체가 피해 경험에 의미를 부여한다

"나는 ○○○의 이유로 가해 행위를 저질렀습니다"라는 가해자의 진술이 '왜 대체'라는 질문에 대한 답이다. 이를 설명 책임 accountability이라고 부른다. "○○○ 때문에 ○○○ 씨에게 가해 행위를 저질렀습니다"라는 진술이 '다른 누구도 아닌 내게'라는 질문에 대한 설명이자 답이다.

하지만 일본의 현행 법 제도에서 가해자가 피해자의 질문에 직접 응답하기란 불가능하다. 재판 방청석에 앉아 가해자를 바라보며 그의 말에서 대답의 일부라도 끌어내려고 애쓰는 정도가 그나마 가능하리라.

때때로 피고인 가해자의 말 속에 답은커녕 피해자나 그 가족을 자극하는 무례한 내용이 포함될 경우, 오히려 가해자에 대한 분노와 증오가 한층 더 크게 일어난다. 재판에서 드물지 않은 광경이다. 이때 피해자의 언동은 '그저 가해자에 대한 복수심으로 불타오를 뿐', '보복하고 싶을 뿐'이라는 매정하고 천박한 이해로 야유를 받기도 한다.

피해자에게는 가해자에게 접근할 수 있는 유일한 기회이다. 줄곧 묻고 싶었던 질문에 대한 대답의 전부는 아니더라도 작은 실마리나마 끌어낼 수 있을까 싶어, 죽을힘을 다해 방청석에서 버틴다. 그야말로 피해자의 인생을 걸고 있다 해도 과언이 아니다. 피해자가 되는 일과 인연이 없는 인생을 살아온 운 좋은 사람들은 그 용기, 그 무게를 조금도 상상하거나 유추해 내지 못하리라.

우리는 누구나 피해자가 될지 모르는 상황을 살아가고 있다.

'심리 케어' 유행의 배후

최근 일본에서는 큰 재난이나 사건이 일어나면 바로 '심리 케어'를 시행하도록 한다. 아동 관련 사건은 특히 학교상담사 등이 아이들을 심리적으로 케어한다고 뉴스에서 보도된다. 피해 아동은 물론, 남겨진 아이들의 '마음의 상처'를 어떻게 위로하고 케어할까 하는 과제와 제도적으로 씨름하게 되었다. 1990년대를 생각하면 꿈처럼 느껴진다.

2004년에 일어난 나가사키현 사세보시 소학교 여아 살인사건[2] 피해자의 부친은 당시 『마이니치신문』 기자였던 미타라이 교지 씨이다. 그는 기회가 있을 때마다 자신의 상황과 상태를 냉정한 필치로 미디어에 발표하여 우리에게 많은 시사점을 주었다. 그 점에 감사드린다.

2005년 6월 1일 『마이니치신문』 온라인판에 게재되었던 미타라이 씨의 수기 일부를 인용해 본다(현재는 온라인 기사 공개 기간이 종료됨).

[…] 나는 작년 9월 최종 판결 뒤 "사건을 나름대로 다시 바라보고 싶다"고 말했습니다. 그러기 위해 다양한 사건 자료를 읽고 전문가의 의견도 들으며, 그 아이가 '왜 그랬는지' 찾는 작업을 계속했습니다. 대단히 괴로웠습니다. […] 나는 어느 시기부터 '왜'를 찾는 일은 그만해야겠다고 생각했습니다. 많은 자료에 묘사된 아이의 모습은, 판결 요지에 있는 '제 손으로 피해자의 목숨

---

2 6학년 여자아이가 학교 안에서 동급생 친구를 커터로 살해한 사건. 원래는 친한 사이였으나 피해 아동이 가해 아동의 외모 등을 놀리면서 갈등이 시작되었고, 다른 친구가 없었던 가해 아동이 혼자 불만을 키우다가 범행을 저질렀다고 알려졌다.

을 빼앗았다는 사실의 중대함이며 유족의 슬픔을 실감하지 못한다'는 표현이 과장이 아님을 드러내고 있었습니다.

나는 사건 당시의 일은 아이 자신도 모르는 게 아닐까 하는 생각이 떠올랐습니다. 그것은 바닥이 보이지 않는 우물을 들여다보는 듯한 두려움이었습니다. 그 시점에서 내게 '왜'를 찾는 의미는 없어졌습니다. […]

잔혹한 현실에 말을 잃었지만, 나는 가해 여아에게 '심리 케어'에 필적하는 어떤 접근이 필요했다고 본다. 피해자 및 그 가족에게는 가해자가 가해 행위를 어떻게 자각하는지, 어떻게 언어화하는지가 정신적 사활이 걸린 문제이기 때문이다.

'왜'를 풀고 싶은 충동

올리비에와 소년의 관계가 드러나기 전에 올리비에가 스토커처럼 기이한 행동을 한 이유는 그에 다다르는 과정에서 명쾌해진다.

왜 미행을 했는지, 왜 라커를 몰래 열어 보았는지… 올리비에는 자신의 아들을 죽인 소년의 내면을 너무도 간절히 알고 싶었던 것이다. 그렇기에 소년이 사는 허름한 아파트 문을 열고 불법으로 침입해서, 소년이 언제나 자는 침대에 누워 보고, 소년이 잠들기 직전에 분명히 올려다보았을 천장을 똑같은 자세로 바라보았다.

아마도 그의 마음속에서는 아들을 죽인 가해자에 대한 복수심도 솟아올랐으리라. 소년의 손을 잡고 목재 치수 재는 법을 가르치며, 죽여 버리고 싶다는 충동이 일어난 적도 틀림없이 있었을 것이다. 하지만 눈앞에서 서투르게 목재 개수를 세고 못을 박는 소년의 여린 턱선, 온몸에서 발산하는 경계와 불신, 그리고 고독의 냄새를 받아들인 올리비에는 조금씩 소년과 기묘한 연대감을 품은 것처럼 묘사된다.

복수심과 분노, 그리고 눈앞에 있는 가냘프고 불안에 찬 소년에 대한 생각이 격렬하게 뒤섞인다. 이토록 격렬한 감정의 동요를 표현하기 위해 다르덴 감독은 배우 올리비에 구르메에게 어떤 지시를 했을까.

시작부터 끝까지 구르메의 표정에는 거의 변화가 없다. 안경 속에 담담하게 시선을 담아 둔, 희로애락을 어딘가에서 잃어버린 듯한 표정은 그 뒤에서 격렬하게 흔들리는 상반된 충동을 역설적으로 강조한다. 이런 손으로, 이런 눈으로, 이런 얼굴을 하고서 소년은 자신의 아들을 죽였다. 그때 어떤 기분이었을까. 어떤 생각을 하고 있었을까. 살풍경한 아파트의 침대에 누워 어떤 반성과 회한 속에서 자신이 죽인(올리비에의 아들임을 알 리 없는) 소년을 떠올리고 있었을까.

치밀어 오르듯 '왜'를 풀고 싶은 충동이 올리비에를 몰아간다.

피해자가 가해자와 접촉하는 데는 의미가 있다

올리비에는 드문 우연 덕분에 가해자인 소년과 그토록 친밀하게 접촉할 기회를 손에 넣었다. 하지만 그런 기회가 그에게 무엇을 가져다주었는지는 묘사되지 않았다. 영화는 관객에게 질문을 던지고 이후의 전개를 상상에 맡겨 버린 채 끝을 맺는다. 다르덴 감독다운 결말이다. 이 작품은 거대한 주제를 차분하게 누르며 전개한 점에서 높은 평가를 받아 많은 상을 수상했다.

일본에서는 '회복적 사법[3]을 그린 영화'로 홍보되었지만, 어쩌면 이 영화는 더 거대한 주제와 싸우고 있는 게 아닐까.

소년의 침대에 누운 올리비에의 모습은 피해의 의미를 얻지 못하면 남겨진 사람이 살아가지 못한다는 사실을 절절히 드러낸다. 어떤 희미한 흔적이라도 좋으니 가해자상을 구축할 실마리를 얻을 수 있다면 불법 침입마저도 저지르는 것이다.

피해자가 세상에 대해 지니고 있었던 신념 체계는 산산조각이 났다. 기이하고 불쌍한 행동을 취하는 것 외에는 다시 쌓아 올릴 방법이 없다.

올리비에도 미타라이 씨도 가해자를 비난하고 복수를 한들 죽은 아이는 돌아오지 않는다는 당연한 사실을 몇 번이나 뼈저리게 되새김으로써, 처음으로 '왜'라는 의미의 구축에 도달하지

---

3 피해자와 가해자, 지역사회의 입장을 모두 고려하여 해당 범죄의 영향과 피해의 회복을 도모하는 사법적 이론. 범죄자 처벌 위주의 사법 체계에서 벗어나 피해자의 권리 신장과 지역 공동체의 관계 복원을 목표로 한다.

않았을까.

올리비에와 비교해 미타라이 씨는 가해자와의 접촉을 법적으로 완전히 금지당했다. 일본의 법 제도가 그러하기 때문이다. 자료를 읽는 것 외에는 가해자와의 접점을 얻지 못한다. 이러한 제도는 피해자에게 너무나 잔혹하다. 어둠 속을 더듬어 가는 듯한 간접 정보 외에는 가해 소녀를 알 방법이 없을 때, 미타라이 씨는 그 아이가 입소한 교정 시설에 뛰어들어 직접 만나고 싶다는 생각을 얼마나 많이 했을까. 올리비에처럼 그 소녀가 무슨 생각을 하고 어떤 침대에서 자는지 상상하지 않았을까.

'피해자 구제'라고 구호를 외치기는 쉽다. 하지만 피하고 경멸해야 한다고들 여기는 가해자에 대해 깊이 아는 것, 이를 통해 가해자상을 구축하는 것이야말로 커다란 상실과 세계관의 분열·붕괴에 이른 사람들을 구하는 일이 아닐까.

3장 가해자에 대한 접근이야말로 피해자 지원이다

"그것은 폭력입니다"

1995년 베이징에서 개최된 UN 세계여성회의는 여성에 대한 모든 폭력의 근절을 선언하는 행동 강령을 채택했다.

이 회의에는 일본의 풀뿌리 여성 활동가들도 많이 참가했다. 활동가들은 1980년대 중반부터 폭력 피해 여성을 위한 민간 쉼터를 개설하고, 성희롱이라는 단어를 사용하며 폭력에 반대하는 운동을 벌이고 있었다. 이들은 베이징에서 귀국한 뒤, 남편이 아내에게 행하는 폭력을 DV라 부르자고 일본의 현장에 제안했다. 나도 이 제안을 들은 사람 중 하나였다. 9월 중순쯤 당시의 직장에서 DV라는 단어를 알았고, 곧바로 그 단어를 내담자 여성들에게 전달했다. "그것은 폭력이고 DV입니다"라고.

이는 상담에 결정적인 영향을 끼쳤다. 이름이 생김으로써 명확한 실태를 동반하는 폭력으로서 공유하게 되었기 때문이다.

'정의'라는 관점의 투입

그런데 임상·지원 활동에서는 또 다른 큰 의미를 이끌어 냈음을 지금에서야 이해한다. 그때까지 심리적·정신분석적·정신의학적 모델로 인식되던 현상이 폭력으로 정의됨으로써 범죄화되었고, 법률의 관점에 따른 사법 모델이 새롭게 들어왔다는 점이다.

사법 모델에는 다양한 특징이 있다. 무엇보다 중요한 점은 '정의'justice라는 관점이 투입되었다는 점이리라. 폭력이라는 단어가 이를 함의한다.

폭력=악=범죄이므로, 여기서는 가해자와 피해자라는 양극화된 존재가 상정된다. 심리학이나 정신의학은 과학이라는 점을 내세우지만, 사실은 메이지 시대 이래의 의료와 의료관찰법병동,[1] 더 나아가 의료와 사법이 연계된 사법정신의료를 둘러싸고 정치적 흐름의 영향을 받을 수밖에 없었다(다쿠마 마모루 사건[2]이 바로 떠오른다).

---

1 중대한 가해 행위를 저지른 사람 중에서 정신장애나 심신상실 등으로 책임을 묻기 어려운 상태라고 판단되는 사람이 입원하는 병동.
2 2001년 6월 8일 일본 오사카의 이케다 소학교에 다쿠마 마모루라는 남자가 흉기를 들고 침입하여 어린 학생 8명이 죽고 교사 2명이 상해를 입은 사건. 이미 각종 전과가 15건이나 있었던 범인은 체포된 뒤 정신병을 가장하는 행동을 했지만, 재판에서 심신장애가 아니었음이 드러나 결국 사형에 처해졌다.

일본에서 누구보다 일찍 DV와 학대에 주목했던 사람들

1970년대 알코올의존증에서 시작된 내 임상 활동은 1980년대에 들어서며 중독 일반으로 넓어졌다. 사실 가족 폭력과 중독은 떼려야 뗄 수 없는 관계이다.

당시 일본에서는 1970년대 말부터 자식이 부모에게 휘두르는 폭력을 '가정 내 폭력'이라고 부르며 주목했지만, 그 외의 폭력은 없다고 여겼다. 일본에서 아내에 대한 남편의 폭력에 최초로 관심을 보인 사람들은 아마도 중독 관련 전문가들일 것이다. 중독 연구·실천의 움직임은 정신과의사 사이토 사토루를 중심으로 하는 지역 정신 보건 분야와 함께, 1980년대 말부터 의존증 가족에게 일어나는 피해(어덜트 칠드런, 매 맞는 아내 등)에 주목하고 있었다. 잡지『중독과 가족』(11권 3호)에서는 '남편 폭력과 매 맞는 아내'를 특집으로 다루기도 했다.

중독에서는 문제 행동을 일으키는 본인과 주변 가족이 다른 정신과질병처럼 '치료 협력' 관계라기보다 오히려 이익 상반 관계에 있다. 술을 마시려는 본인과 막으려는 가족은 대립하고, 술에 취해 폭력을 휘두르는 남성도 드물지 않다. 여성 의존증 환자가 주목을 받으면서 여성들의 폭력 피해도 수면 위로 떠오르게 되었다. 이처럼 중독 임상 전문가들은 일본에서 누구보다 일찍 DV와 학대에 주목한 사람들이었다.

캐나다에서도 DV 가해자 프로그램을 실시하는 단체의 구성원 대부분이 중독 임상 분야의 사람들이다. 이는 중독이 범죄나 사회 병리와 밀접하게 관련되어 있고 사법적 관점을 내포하고 있음을 나타낸다.

제2물결 페미니즘의 발전

또 한 가지는 가족 폭력과 페미니즘의 관계이다.

1990년대에 중독 관계자와 페미니스트 운동은 일부 연계하여 민간 쉼터인 AWS Abused Women's Shelter 설치 등의 활동을 함께 했다.

소설가 후지사와 슈헤이가 그린 세계에도 여성에 대한 폭력과 살해가 등장하고, 오즈 야스지로 감독의 영화에도 역사학자 요나하 준與那覇潤이 묘사했듯(『제국의 잔영: 병사 오즈 야스지로의 쇼와사』帝国の残影 ― 兵士・小津安二郎の昭和史, 2011) 남성들이 아내를 세차게 후려치는 장면이 등장한다. 당시에는 그것을 '폭력', '범죄', '허락되지 않는 행동'으로 인식하지 않았을 뿐이다. 정의라는 관점을 담아 폭력으로 인식하기 시작한 데에는 제2물결 페미니즘의 발전이 컸다.

일본에서는 제2물결 페미니즘의 영향이 1980년대에 두드러지게 나타났다. 가와노 기요미河野貴代美가 페미니스트 상담을 도입했고, 사회학자 우에노 지즈코 등이 여성학을 발전시켰다. 미국과 마찬가지로 이러한 변화는 성폭력을 비롯해 남성이 여성(남편이 아내)에게 휘두르는 폭력을 고발하고 피해자를 지원하는 운동으로 표면화되었다. 여기서 말하는 폭력에는, 대등한 개인 간에 일어나는 일반적인 폭력이 아니라 불평등한(비대칭적) 힘의 구조를 기반으로 하는 '구조적 폭력'이라는 의미가 담겨 있다.

남성해방 운동이 비폭력에 수행한 역할

이러한 여성들의 움직임에 호응해서 남성이라는 카테고리에서도 동요가 일어나, 간사이 지역 연구자를 포함한 남성들이 남성학을 탄생시켰다. 심리학자 와타나베 쓰네오渡辺恒夫가 발표한 『탈남성 시대: 앤드로지너스를 지향하는 문명학』脱男性の時代 — アンドロジナスをめざす文明学(1986)을 시작으로, 1996년에는 이토 기미오伊藤公雄의 『남성학 입문』男性学入門, 나카무라 다다시中村正의 『'남성다움'에서의 자유』「男らしさ」からの自由 등 사회학자들의 저작이 연이어 출판되었다. 1991년 캐나다의 세 남성이 시작한 화이트리본 운동('세상의 모든 임산부 및 아기의 생명을 구하자'라는 목적으로 활동함)도 여기에 영향을 주었다.

저널리스트 나카무라 아키라中村彰는 1991년 '맨스리브 연구회'[3]를 설립했다. 이러한 연구·실천 운동의 중심 활동은 '남성을 위한 비폭력 워크숍'이었다. 이 흐름은 일본의 DV 가해자 프로그램 계보에서 빼놓을 수 없는 역할을 맡는다. 남성다움을 재질

---

3   맨스리브(メンズリブ)는 영어로 Men's lib, 즉 Men's liberation의 약자이다. 미국, 영국 등의 서구 사회에서는 1960~1970년대의 페미니즘 운동, 하위문화, 성소수자 운동 등 의 사회 변화에 영향을 받아 남성해방 운동이 전개되었다.

문하며 남성으로서 살아가는 괴로움을 대면하는 일과 DV 가해를 접합시키는 실천에서 우리가 배워야 할 점이 많다. 그 뒤에도 나카무라는 DV 가해 남성에 대해 많은 논고를 저술하고 있다.

미국에서 전개되었던 공적인 DV 가해자 프로그램은 각 주의 기준에 따른 엄밀한 프로그램으로, 일본의 DV 가해자 접근에 직간접적으로 영향을 주었다.

간사이를 중심으로 한 남성운동·남성학의 움직임과는 별개로, 1997년 상담가 구사야나기 가즈유키草柳和之도 DV 가해자에 대한 접근을 시작했다. 1999년『가정폭력: 남성 가해자의 폭력 극복 시도』ドメスティック·バイオレンス — 男性加害者の暴力克服の試み를 집필해 '가해자 임상'이라는 용어를 제안하고, 그 뒤에도 심리임상가로서 독자적인 이론·방법을 펼치고 있다. 미국에서 시행된 프로그램 및 사이토 사토루와의 접촉도 그의 활동에 영향을 주었다.

DV방지법이 제정된 다음 해인 2002년에는 야마구치 노리코山口のり子가 '어웨어'アウェア를 설립해 DV 가해자 프로그램을 개시했다. 캘리포니아주 인증 프로그램에 준거하여, 주 1회 총 52회 이상을 의무로 하는 프로그램이다. 일본에서 이렇게 장기적이고 명확한 프로그램을 실시한 곳은 '어웨어'가 최초일 것이다. 또한 상담이나 치료라는 단어를 배격하고 피해 당사자에 의한 가해자 교육을 주장한다는 점에 큰 특징이 있다.

전문가 입장은 나뉜다

DV라는 단어를 사용함으로써 친밀권·가족·사적 공간의 파트너 관계에서 일어난 단순한 부부 싸움이고 충돌이니까 '양쪽 다 마찬가지'라던 세상의 인식을 넘어설 수 있었다. 범죄라는 관점을 도입해 '정의'를 내걸게 된 것이다.

한편 임상심리학은 '정의'라는 사법 모델이 아니라 마음이라는 내적 세계를 대상으로 한다. 아버지에게 맞는 어머니를 자녀가 보는 사태를 DV 목격으로 인식하는 순간, 심리적 학대가 되기 때문에 경찰은 아동상담소에 통고할 의무가 있다. 자녀의 마음, 어머니의 마음 문제가 아닌, 폭력이라는 사법 모델을 적용해야 하는 것이다. 이는 기존 임상심리학·정신분석의 전제, 즉 정신 내부·외부에서 상대적으로 독립하여 지원자·치료자가 중립성을 지녀야 한다는 전제를 크게 바꾸어 놓을 것이다.

자녀가 부모에게 폭력을 휘두르는 '일어나서는 안 될' 행위는 1970년대에 제일 먼저 '가정 내 폭력'으로 이름 붙여졌고, 많은 조력자·전문가들이 병리화하여 대책을 강구해 왔다. 한편으로 부모가 자녀에게, 남편이 아내에게 당연하다고 여겨지던 행위는(힘의 비대칭성을 불문에 부치며) 정당화되어, 당한 쪽(피해자)에게 문제가 있다고 이야기되어 왔다.

그런데 다른 선진국의 추세 등을 보며 일본에서도 가족 내 폭력에 대처하지 않을 수 없게 된다. 앞서 말했듯 1980년대부터 DV 및 성폭력을 뿌리 뽑기 위해 맞서 온 페미니스트들의 활동

도 큰 영향을 미쳤다. 따돌림 사건이 많이 일어나 학교상담사의
역할도 커지면서, 뒤늦게나마 심리 전문가는 무엇을 할 수 있을
지 고민하기 시작했다.

'폭력' 개념이 등장하고 법률이 제정된 뒤 약 20년이 지나는
동안, 관련 지원 활동을 하는 이들의 입장은 세 가지로 명확히
나뉘었다. 세 가지 방향성은 거의 섞이지 않음을 강조하고 싶다.

① 폭력 행사 자체의 범죄성을 고발하는 입장→피해자 지원, 가해
자 프로그램
② 폭력 피해를 병리화·심리학화함으로써 종래의 전문성 안에 거
두어들이려는 입장→트라우마 개념과 PTSD, 회복탄력성
③ 폭력 자체에 거리를 두고, 치료 지원 대상으로 삼지 않는 입장

피해자 지원은 가해자에 대한 접근을 거부해 왔다

①은 주로 페미니스트적 입장을 가리킨다. 가족·부부에게 존재
하는 비대칭적 권력성을 전제로 불평등과 구조적 폭력의 연결
을 지적하며, 엄격하게 가해자는 처벌하고 피해자는 지원하는
방향성이다. 원래 DV라는 단어 자체가 페미니스트들이 시행해
온 피해자 구제·지원 활동의 성과였다. 제도화되었다고는 하나,
지금도 일본에서 피해자 지원 활동을 중심적으로 맡고 있는 이
들은 페미니스트들이다.

민간 DV 쉼터 역시, 충분치 않은 보조금에도 적극적으로 애

써 온 여성들이 지탱해 왔다. 이들에게는 피해자 지원밖에 존재하지 않았고, 가해자 프로그램은 오히려 부정했다.

스토킹 피해는 가끔씩 비참한 살인사건으로 보도되는데, 경찰의 관여하에 가해자에게서 도망쳐 모습을 감추는 대응 방식은 유효하다. 하지만 가족의 폭력은 어떤가. DV처럼 도망쳐서 숨거나 개명해서 생활 보호를 받으며 살아가는 방법밖에 없는 걸까. 일본의 DV 피해자 지원 사업 대부분이 이러한 방법론밖에 갖고 있지 않다면, 가족 해체야말로 DV의 해결이라는 의미가 아닌가. 극단적으로 말하면, DV 가해자에 대한 접근은 돌고 돌아서 가족 해체를 막는 일(가족 옹호)로 이어질지도 모른다.

DV 피해자를 지원하는 사람들은 가해자는 바뀌지 않는다, 접근 시도는 쓸모가 없다는 20세기 말의 신념을 그대로 유지하고 있는 걸까. 현재로서는 가해자에 대한 접근을 기피하고, 어쨌든 도망치라고만 권유한다.

가해자 프로그램 제공, 그에 이르는 프로세스 형성, 참가 후 커뮤니티에 기반을 둔 시스템을 구축한다면, 가해자 폭력의 재발은 어느 정도 방지할 수 있고 무엇보다 피해자의 안전·안정도 회복할 수 있을 것이다. 또한 자녀의 DV 목격과 같은 심리적 학대의 영향도 틀림없이 막을 수 있으리라.

도망쳐서 헤어지는 최종 수단만이 유일한 길이라고 본다면, 수많은 DV 가해자를 방치하는 결과에 이르고 만다. 가해자에 대한 접근이야말로 가족 해체 및 다음 세대인 자녀에게 끼칠 영향을 막기에 가장 유효한 실천이다.

피해자 지원에 가해자에 대한 접근은 필수이다

일본에서는 가족 폭력은 물론, 각종 괴롭힘harassment 문제에서도 전문가의 관여는 피해자 보호, 피해자 케어에만 집중되어 있다. 지원의 가장 첫 번째 목적은 당연히 학대를 비롯해 피해자가 처한 생명의 위기를 막는 것이다. 하지만 막대한 수의 피해자가 있으면 똑같은 수의 가해자도 존재한다는 사실을 잊어서는 안 된다. 가해자의 변화야말로 피해를 줄이고 막는 데 필요하며, 무엇보다도 가해자는 피해자에 대한 책임을 다해야 한다.

많은 심리 전문가 및 정신의료 관계자들이 가해자에 대한 접근에 그리 적극적이지 않았던 것은 수직적 행정의 폐해이기도 하다. 가해자 문제는 우리의 전문 분야를 벗어나므로 사법 기관에 맡기면 된다고 쉽게 생각할지도 모른다. 하지만 피해자를 진정으로 지원·케어하기 위해서는 가해자에 대한 접근이 필수적이며, 행정 구분을 허무는 발상과 협력, 변호사 및 외부 기관의 긴밀한 연계도 동반되어야 한다. 나는 오랜 중독 임상 경험 속에서 현실과 늘 마주하며, 그러한 시도를 통해 가족이 붕괴를 피한 사례를 많이 보았다. 그러면 가해자에 대한 접근은 어떠해야 할지 상세히 이야기해 보자.

프로그램의 구체적 내용이 아닌, 실시 방법과 기본적인 입장은 다음과 같다.

집단의 힘을 활용하고 서로 존중하는 분위기를 만든다

DV 가해자 프로그램의 첫 번째 모임에서 참가자는 자료를 모은 파일을 받는다. 매회 그 파일을 지참하고 숙제를 제출하는 학습적 분위기는 하나의 장치로서 중요하다. 퍼실리테이터를 중심으로 둥글게 앉아서 차례로 돌아가며 발언하고 그 내용을 칠판에 쓴다. 이러한 방사형 관계성이 중심이 되고, 참가자 간의 상호작용을 촉진하지는 않는다. 물론 도중에 자발적으로 의견을 내거나 질문하는 멤버도 있지만, 모든 시선은 어디까지나 퍼실리테이터에게로 향하게 한다.

참가자의 공통항은 '가해자'라는 딱지이다. 부정적인 의미가 있다 보니 참가자들끼리 연결되려는 태도는 나타나지 않는다. 캐나다에서 실시되는 프로그램을 견학했을 때, 끝난 뒤 참가자들이 그야말로 '개미가 흩어지듯이' 일제히 돌아가는 모습을 보고 놀라기도 했다.

그럼에도 참가자 간의 경쟁의식이나 이미 몇 회기 참가했던 고참 격의 멤버와 신참 간의 숙련도 차이는 중요하다. 퍼실리테이터는 참가자의 층위를 어떻게 살려 나갈 것인지 매 순간 판단해야 한다. 또한 피해자 지원의 일환이자, 책임을 지게 하려는 일정한 목적·방향성으로 참가자를 이끈다는 점에서 넓은 의미의 집단 치료와는 선을 긋는다.

그들의 폭력은 부정하지만 인격은 존중한다

그들 대부분은 피해 감정을 진하게 껴안고 있는데, 매 회기의 활동을 통해 그것을 자발적 동기로 변화시키려면 질문의 방식이 중요하다. "어떻게 하면 그게 가능하리라고 생각합니까?", "그게 당신과 파트너의 관계를 개선하는 데 도움이 될까요?" 하는 질문 방식은 동기부여 면접법motivational interviewing에 기반을 두고 있다. 유아기의 경험이 현재 행동에 본질적 영향을 끼친다는 가해자에 대한 해석이 아니라, 어디까지나 그들의 인지(belief=신념)와 행동을 대상으로 한다. 원인론이 아니라 무엇을 바꿀 수 있을지, 변화를 가로막는 것은 무엇인지를 명확히 한다.

그리고 '그들의 폭력은 부정하지만 인격은 존중한다'는 자세에 기초해서 그들의 프로그램 참가를 환영하고 협력을 긍정하는 퍼실리테이터의 태도가 중요하다. 처벌적 태도를 강화해서 참가자가 도중에 이탈하는 상황은 무엇보다 피해야 한다. DV 재발의 위험성은 이탈 이후에 높아지기 때문이다. 자발적 참가자를 대상으로 할 수밖에 없는 일본의 상황에서는, 어쨌든 그들이 한 회기라도 더 참가하도록 만들 방법을 계속 궁리하고 있다. 다행히도 우리가 실시하는 프로그램에서 중도 이탈률은 1%를 밑돈다.

책임의 이중성과 정보 공개의 편향성

모든 임상·지원 활동에서 참가자 프라이버시 보호는 기본 윤리이다. 프로그램 참가자가 퍼실리테이터와 이야기한 내용은, 비밀 유지 의무의 관점에서 원칙적으로 그룹 외의 사람에게 공개해서는 안 된다.

하지만 가해자 프로그램의 첫 번째 목적은 '피해자의 안전 확보'이며, 눈앞에 없는 피해자가 진정한 대상자이다. 따라서 참가자에 대한 비밀 유지 의무보다 피해자인 파트너의 안전 확보를 우선해야 한다. 만약 DV가 재발할 위험성을 프로그램에서 탐지하면, 피해자의 안전을 우선해 그 사실을 파트너에게 알려야 할지도 모른다. 이른바 '꼬여 있는' 정보 공개의 편향성을 퍼실리테이터는 충분히 자각하고, 프로그램 개시 전에 참가자들에게도 양해를 얻어 둘 필요가 있다.

캐나다 토론토에서 DV 가해자 갱생 프로그램 참여관찰을 할 때, 퍼실리테이터가 강조했던 말이 있다. "이 프로그램의 진정한 참가자는 여러분의 파트너입니다. 파트너가 여러분을 보고 있다고 생각하며 참가해 주십시오." 눈앞의 참가자만이 아니라 파트너의 안전·안정에도 책임이 있음을 나타내는 발언이다.

피해자를 병리화·의료화하는 경향

DV에 대응해 피해자를 지원하는 사람들 중에서 페미니즘 관점이나 정의를 강조하는 데에 저항감·거부감을 보이는 경우도 많다. PTSD 개념이 정착되면서 WHO의 국제질병분류 11판에 복잡성 PTSD가 추가되는 등 피해의 병리화가 진행되었다. 이는 피해에 이름이 붙음과 동시에 의료의 대상이 되었음을 나타 낸다.

이러한 경향은 DV뿐만 아니라 학대 문제에서도 드러난다.

2000년대 초 아동학대 예방을 외치며 학회가 등장했을 때만 해도, 피해 당사자에 정신보건복지사와 임상심리사, 정신과의사 등 다양한 직종이 함께 섞인 연구회며 분과 모임 등이 활발하게 기획되었다. 하지만 최근의 학회는 과학성과 증거 중심 경향이 강해지면서 소아과의사 위주의 활동으로 변모하고 있다.

그러는 동안 몇 가지 키워드가 사용되었다. 그중 한 가지는 회복탄력성이다. 이 개념은 PTSD 등 트라우마 피해를 중점적으로 다룬 연구에서 생겨났다. 트라우마에 지배당하지 않고 회복하려는 힘을 강조하기 위해 사용하기 시작했지만, 현재는 의미가 달라져 기업의 근무 방식이며 정신 건강의 중심 개념으로도 많이 사용되고 있다. 우울증에 빠지지 않고 심리 상태를 잘 유지하기 위한 개념이다.

이는 폭력 피해자 케어에서 발전된 형태로도 생각할 수 있다. 하지만 어떤 용어나 그렇듯 그 안에 숨은 위험성이 있다. 트라우마를 겪은 병사가 다시 전장으로 돌아가게 만드는 방향으로 활용될 위험성이다. 두들겨 맞아도 버티는 강인함은 어떤 종류의 둔감함, 비인간성과도 연결되기 때문이다.

회복탄력성이라는 반작용

한신·아와지 대지진을 겪은 1995년은 일본의 트라우마 원년이었다. 많은 사람들에게 일상적인 단어가 될 정도로 가까워진 트라우마에 대해서는 이미 다루었으니, 여기서는 회복탄력성이라는 개념에 대해 서술하겠다.

회복탄력성에는 다양한 정의가 있는데, 사용되는 영역에 따라 다른 측면을 강조한다.

원래는 정신장애에 대한 복원력을 가리키던 단어로, 영국 심리학자 루터는 "심각한 위험성이 있음에도 적응 기능을 유지하려는 현상"(Rutter 1985)이라고 정의했다. 그 뒤 미국 심리학자 그롯버그는 "역경에 맞서 극복한 경험을 통해 강화되고 변용된 보편적 인간의 허용력"(Grotberg 1999)이라고 정의했다. 또 다른 미국 심리학자 마스틴 등은 "곤란하거나 위협적인 상황에서도 잘 적응하는 과정, 능력, 혹은 결과"(Masten et al. 1990)라고 정의했다. 이처럼 구체적이고 다양하게 정의되면서 오늘날에 이르렀다.

일본에서는 2000년대에 들어 이 개념에 관심이 집중되었고 다양한 연구가 이루어지며 2010년까지 널리 퍼졌다.

회복탄력성은 1995년부터 단숨에 퍼진 트라우마 개념에 대응하는 말처럼 사용된다. '마음의 상처', 말하자면 정신적인 피해만 강조해 오다가, 그에서 회복하는 데 따르는 어려움도 함께 주목하게 된 것이다. 그렇게 되면 피해자에게는 책임이 없고 가해자에게 책임을 묻는 사법 모델로 기울어지기가 쉽다.

현장에서 지원 활동을 하는 이들은, 똑같은 경험을 하고도 '그리 영향을 많이 받지 않고 일상으로 쉽게 복귀하는 피해자'와 '깊이 영향을 받아 치료가 필요한 상태에 이른 피해자'를 만난다. 양쪽을 구분하는 것은 과연 무엇일까 하는 의문 속에서 회복탄력성이라는 개념이 필요해졌다.

또 한 가지는 트라우마 개념을 둘러싼 세대 간 연쇄설이다. 특히 학대받고 자란 사람이 자신의 아이를 학대한다는, 운명론과도 비슷한 연쇄설이 이미 널리 퍼져 있다. 어덜트 칠드런 개념도 이러한 연쇄설에 가담했다는 사실을 부정하기 어려울 것이다.

그러나 나를 포함한 많은 전문가들은 이루 말로 다 하기 어려운 학대를 받고 자란 사람이 결혼해서 평화롭게 아이를 기르며 따뜻한 가정을 형성한 사례를 많이 본다. 차이는 무엇일까. 그 부분이 명확해진다면 연쇄를 방지할 수 있지 않을까 생각했던 것이다. 이처럼 세대를 넘어선 부모자식 관계를 이해하기 위해서도 회복탄력성이라는 개념을 주목하게 되었다.

말하자면 트라우마 개념이 던진 강렬한 충격에 대한 반작용으로서 회복탄력성이라는 개념에 주목했다고 볼 수 있겠다.

하지만 이 용어는 상호작용을 전제로 하고 있음에도 개인화될 위험성이 있다. 현실적으로 산업계나 자기계발서 등에서는 이미 '역경을 뛰어넘는다', '부정적인 사고를 긍정적으로 전환한다'는 등 개인의 노력을 장려하는 핵심 개념으로 회복탄력성을 사용하고 있다. 스트레스에 대한 내성과 역경에 맞서는 능력은 기업사회 안에서 강인하고 효율적으로 살아남기 위해 필수이다. 이를 회복탄력성으로 바꾸어 읽게 된 것도 애초에 이 말이 개인화될 경향성을 내포하고 있었기 때문은 아닐까.

2000년 일본에서 아동학대방지법이 생기고 정책적으로 아동학대 예방 시스템이 구축되기 시작함과 동시에, 개별 가족에 대한 학대 예방 활동과 개입, 학대 아동 케어 등에 관한 연구와 실천이 왕성하게 일어났다. 회복탄력성이 트라우마와 관련해 원래 주목받았던 계기는 빈곤과 부모의 정신질환 등 다양한 위험 요인을 품은 환경에서도 건강하게 자란 아이들에 대한 연구였다.

그중에서도 임상보육 전문가로서 양부모 연구를 해온 쇼지준이치庄司順一는 많은 학대 연구가 아이와 부모(그중에서도 어머니)의 관계에만 초점을 맞추어 왔다는 점에 의문을 표했다. 그리고 환경과의 상호작용에 따른 아이의 발달이라는 관점에서 학대의 영향을 고민할 경우에는, 중층적인 환경 요인을 더 신중하게 논의하고 질적인 연구를 해야 한다고 주장했다.

피해자란 저항을 수행하는 사람들이다

피해자라는 말이 지닌 이항대립성은, 가해자는 악이고 피해자는 순수하며 케어가 필요한 존재로 단순화시키는 폐해를 낳는다. 현실의 피해자들은 매일 그 환경 속에서 살아가기 위해 '저항'을 수행하고 있다. 치료자나 조력자는 종종 이를 놓치거나 오해한다. 그렇기에 어떤 단어를 사용하는가가 중요하다. 피해자란 저항을 수행하는 사람들로 인식해야 한다.

피해자의 저항에 대해 생각해 보기 위해 자료를 인용하겠다. 다음은 캐나다 앨버타주 캘거리의 쉼터Calgary Women's Emergency Shelter에서 사용하는 프로그램을 번역한 내용이다.

사람은 지독한 짓을 당하면 그 폭력을 멈추고 예방하려고 다양한 시도를 합니다. 이를 피해자의 저항이라고 합니다. 눈에 보이는 행동만이 아니라 생각으로도 저항을 시도하고 자존심을 지키려고 합니다.

만약 당신이…
- **그녀를 고립시키는 행동을 했다면** → 타자와의 관계성을 되돌리고 좋아하는 사람들과의 좋은 추억을 떠올리려고 합니다.
- **그녀를 모욕하는 말을 했다면** → 자신의 자부심과 자존심을 지키기 위해 감히 맞서거나, 모욕을 마음에 두지 않는 듯이 행동합니다.
- **그녀를 당신 마음대로 하려고 했다면** → 당신이 원하는 바를 과장해서 보여 주거나, 들키지 않게 당신이 원하는 바와 반대로 합니다.
- **그녀에게 너 때문에 폭력을 썼다고 말했다면** → 자신의 폭력에

책임을 질 사람은 당신뿐이라고 스스로 타이릅니다.

- **폭력에 대해 변명하려고 든다면** → 폭력은 좋지 않고 변명을 해서는 안 된다며 화를 내거나, 당신이 한 짓을 일기에 써서 자신에게 책임이 없음을 증명하려고 합니다.
- **당신이 폭력을 행사했음을 감추려고 한다면** → 당신의 말을 거부하고 받아들이지 않으려고 합니다.
- **당신이 갑자기 폭발한다면** → 당신의 행동이 예측 가능한 범위에서 일어나지 않으면 그녀도 당신의 예측이 미치지 않는 행동을 선택합니다.

피해자의 저항은 이해하기 어렵기에, 당신을 포함한 주변 사람들은 멋대로 딱지를 붙여 피해자가 이상하다고 생각합니다.
그리고 그 저항을 넘어서는 힘으로 더 심하게 누르려고 할지도 모릅니다.

감정을 표현하지 않음 → 사람과의 관계를 피하고 감정을 표출하지 못하는 사람.
남편이 바라는 바를 절대 하지 않음 → 수세적이고 공격적인 태도를 보이는 비협조적인 아내.
감정을 마비시킴으로써 자신을 지킴 → 해리성 장애.

4장 회복탄력성에서 저항으로

중립성이라는 말의 마력

저항이라고 번역되는 'resistance'는 일반적으로 정치적 문맥에서 사용된다. 예컨대, 독일 점령 당시의 프랑스에서 지하에 잠복했던 사람들이 벌인 레지스탕스 운동처럼 말이다. 그런데 최근 DV에 관한 실천 이론에서 이 단어를 사용하는 경우가 있다.

일반적으로 상담과 상담가는 마음속 고민이나 심리적 현실을 대상으로 한다고 생각되기 쉽다. 처음 만나는 사람에게 상담가라고 소개하는 순간, 말이 아닌 눈초리에 나타나는 반응 중 하나는 미심쩍음이다. 특히 사회과학 분야의 사람에게 그런 경향이 두드러진다.

변명할 생각은 아니지만, 일본의 임상심리학 및 임상심리사들이 맡아 온 역할과 주된 활동이 유감스럽게도 '내적 세계를 대상으로' 했던 나머지, 현실의 여러 문제에는 거리를 두었고 중립성이라는 가치에도 의심을 품지 않았다. 1980년대에 부상했던 포스트모더니즘 등에도 한눈조차 팔지 않았다. 어딘지 금욕적인 모습으로, 오로지 진실한 자기에게 다가가는 분석적 심리학과 프로이트의 계보를 따랐다.

같은 업계의 사람들은 스스로 '장인'이라고 부르며, 거리 한 구석에 마치 조용히 찻집을 열 듯 개업해서 일한다. 이를 이상적인 모습으로 여겼다.

비주류에 있으면서 사회 문제에 적극적으로 발언하는 내가 그 안에서 얼마나 '이단'이었을지 이해할 수 있으리라. 하지만 시대는 달라졌고 사회도 달라졌다.

이제 심리 직종은 '공인심리사'라는 국가 자격이 되었고, 나도 그 끄트머리에 자리를 잡게 되었다. 여기서 국가 자격이 모든 것의 출발점이 되었다는 사실을 중요하게 짚어야 한다. 우리 심리 직종은 형태가 없는 것을 대상으로 하기에 종종 뿌리 깊은 정체성의 위기를 겪는다. 마음이나 관계는 눈에 보이지 않는다. 정신과의사는 눈에 보이는 약을 처방할 권력이 있고, 주사를 놓아 잠들게 할 수도 있다. 정신과에 입원시킬 수도 있다. 그에 비하면 어떻게 보아도 우리의 기반은 취약해 보인다.

극단적으로 말하자면 국가 자격을 얻음으로써 나라 방침의 대행업자, 좀 더 지저분한 표현으로는 '권력의 개'가 될 위험성도 있다. 공적 기관에 인식됨으로써 범용성을 높이려고 들면, 온갖 현장에 들어가서 공공의 의사를 추측하는 데에 충실하게 된다.

여기에 무엇이 결여되어 있는지 생각해 보아야 한다. 중립성이라는 단어의 한계성과 마력은 자신들이 서 있는 위치를 불문에 부침으로써 결과적으로는 다수자, 즉 권력을 따르게 만든다.

DV 문제에 관여하면서 줄곧 고민했던 점이다. 좀 더 역사적으로 생각해 보자.

모든 것을 의료로 귀속시키려는 흐름이 있다

심리학은 무척 새로운 학문이었다. 메이지 시대의 법학이나 경제학, 자연과학의 여러 학문과 비교하면 원래는 철학 쪽에 가까운 학문으로 자리매김했다. 역사적으로도 그리스 시대에는 철학의 일부였다.

여기에 자연과학적 실험 등이 더해져 과학으로서 심리학이 발전하게 된 계기는 전쟁이었다. 특히 제2차 세계대전에는 많은 심리학 전공자가 군대에 징용되었다. 내 은사는 "일본의 심리학은 전쟁 덕분에 발전했다"고 말씀하시기도 했다. 확실히 전장에서는 전투에 대한 공포와 불안이 병사들을 덮친다. 감정의 제어가 필수불가결한 전쟁에서 심리학의 지식과 식견이 활용되었던 것이다.

유명한 이야기가 있다. 제1차 세계대전까지 병사들의 발포율은 2할 정도였는데, 군사 훈련을 거듭한 미국이 베트남 전쟁에서 8할 가까이까지 높였다는 설이다. 인간 형상을 한 과녁을 향해 사격 훈련을 하는 등, 적을 죽이는 데 따라오는 공포를 어떻게 줄일지 궁리를 거듭했다고 한다. 이러한 군사 훈련에 심리학의 성과가 활용되었다.

살인을 돕는 심리학이라고 말하면 지나친 과장일까. 그렇다면 공격당하는 쪽, 피해를 입은 존재에는 심리학이 어떻게 공헌했을까. 이 문제와 줄곧 대면해 온 이들은 정신과의사들이었다. 심리학과 정신의학의 차이를 교과서적으로 설명한다면, 전자는 건강한 사람의 마음을 대상으로 하고 후자는 병이 있는 사람을 대상으로 한다.

그런데 최근 정신의학의 흐름은 조금씩 방향 전환을 꾀하고 있다. 심리학에 발 딛은 입장에서 보자면 일종의 전향으로도 보인다. '건강생성' 모델이라는 새로운 표현을 쓰기도 하고, 생체 심리사회biopsychosocial 모델이라는 영문 모를 용어를 사용하기도 한다.

배경에는 그간 정신의학이 주요한 역할을 맡아 치료해 왔던 조현병[1]이 경증화되어 가는 현상이 있다. 일본만의 일은 아닌데, 전형적인 환청·환각·망상 증상을 동반하는 환자가 격감하고 있다고 한다. 그만큼 정신과 입원 환자도 감소하는 데다 일본의 인구 감소까지 겹쳐, 경영난에 빠진 정신과병원이 늘었다. 조금 다

---

1 이전까지 '정신분열증'이었던 병명을 2011년 대한의사협회에서 '조현병'으로 개정하였다. 일본에서는 '통합실조증'(統合失調症)이라고 부르고 있다.

른 이야기지만, 이를 보전할 목적으로 겉으로는 인지증[2] 고령자를 대상으로 하는 병원임을 드러내지 않으면서 실질적으로는 이들을 수용해 병원 경영을 유지하기도 한다.

인지증은 병이 아니라고 주장하는 의사조차도 한편으로 정신과의료 시스템 자체를 경제적으로 유지하기 위해서는, 뭐든 폭넓게 의료의 대상으로 거두어들이는 흐름에 발맞출 수밖에 없다. 의료 시스템화라는 구호의 이면에는 모든 것을 의료로 귀속시키려는 흐름이 있음을 주의 깊게 고찰해야 한다.

근접 영역인 심리학·임상심리학의 입장에서 이 점을 꼭 기억해야 한다.

국가의 피해, 가족의 피해

피해를 다루는 심리학·정신의학은 그다지 주류가 아니다. 피해란 가해가 없으면 생기지 않는다는 일종의 인과론을 전제로 하기 때문이다.

정신의학의 진단 기준은 1980년 DSM-Ⅲ 이래, 증상을 단면적으로(현재 표출되는 증상만을 포착해) 진단하는 조작적 진단이 전면화되었다. 증상의 배경이나 진행 과정을 찾는, 이른바 통찰적·내성적인 자세와 결별함과 동시에 인과론을 멀리하겠다

---

2   일본 정부는 '치매'라는 단어의 부정적 의미를 고려해 2004년부터 공식적으로 '인지증'이라는 단어를 사용하기로 했다.

는 의미였다. 그런데 이와 동시에 PTSD가 DSM에 추가되었다. PTSD처럼 피해의 발현으로 나타나는 증상이라는 진단명이 조작적 진단과 모순됨에도 DSM-Ⅲ에 추가된 것이다. 여기에는 1975년 미국의 패배로 끝난 베트남 전쟁 귀환병들을 구제하겠다는 의미가 있었다. 퇴역 군인 중심의 정치적 압력 그리고 전쟁의 피해로 인한 증상임을 국가가 인정한 사정도 있었을 것이다.

또 하나 중요한 사건은 주디스 루이스 허먼이 복잡성 PTSD라는 진단명을 추가하자고 요구했던 일이다. 페미니스트 정신과의사인 허먼은 70년대 말 미국에서 폭증했던 DV, 학대, 성폭력 피해자를 구제하려고 노력했지만, 그 열망은 이루어지지 않았다. 복잡성complex이란 전쟁이나 재해처럼 단기간 동안 특정하게 일어나는 사건이 아니라 가족 안에서 장기간에 걸쳐 습관적으로 입는 피해를 뜻한다.

1980년 미국정신의학회에서 일어난 일, 즉 국가가 전쟁 피해는 PTSD로 인정했음에도 국가에 부속된 사적 영역인 가족에서 일어난 피해는 인정하지 않았다는 사실은 이 책의 주제에 한 가지 논점을 제기한다.

국가는 그들의 명령으로 전투에 복무했던 병사들이 '정신적 피해'를 입었다는 사실을 마지못해 인정했다. 이는 후술할 일본의 경우와 비교해도 획기적이라 할 수 있다. 하지만 그로 말미암아 가족에서 일어나는 각종 폭력의 피해를 '질병'으로 인정하기는 거부했다. 보는 시각에 따라서는 이렇게 말할 수 있을 것이다. 미국 남성들은 전쟁에서 용맹하게 싸운 덕분에 정신적 피해를 입었으니 보상받아야 하지만, 그렇다고 해서 그들이 반드시 가족에게 폭력을 휘두른다는 보장은 없다고. 이는 어디까지나 사적인 것이며 국가가 보상해야 할 범위 밖의 일이라고.

이제는 많은 사람들이 트라우마라는 단어를 사용하고 있다. 그 전환점은 1980년 DSM-Ⅲ였음이 틀림없다. 이 말 덕분에 얼마나 많은 경험을 '피해'로 인지하게 되었는가. 정의할 단어가 존재하지 않아 묻히고 망각될 수밖에 없었던 경험을 처음으로 햇빛 아래 꺼내어 다른 이들에게 이야기할 수 있었다는 점을 생각해 보라. 이 말이 해낸 역할은 이루 다 말하기 어려울 정도로 크다.

장조증

『전쟁과 트라우마』戦争とトラウマ(2018)를 읽어 보면, 패전 후 70년 이상이 지났음에도 처음 공표되는 사실이 여전히 많다는 점에 놀라게 된다. 전쟁신경증 때문에 전투요원의 역할을 다하지 못하고 본국으로 송환되어 병원 치료를 받은 병사들이 있다. 이 책은 그들에 관해 처음으로 진행된 대규모 연구이다.

허먼을 언급한 부분에서도 썼지만, 나는 국가 폭력(전쟁)의 피해와 가족이 겪는 폭력(DV와 학대) 피해는 깊이 연결되어 있다고 보는데, 이 책을 읽고 그 생각은 확신에 가까워졌다.

1945년 패전으로 초토화된 일본, 무수의 전사자(그중 꽤 많은 수가 남방에 고립된 아사자였음), 생환해서 돌아온 사람들. 민주화된 신생 일본은 한국 전쟁을 거치며 기묘한 고도 경제 성장을 이룬다. 이것이 일반적으로 공유되는 '전후'의 이야기이다.

하지만 『전쟁과 트라우마』에 따르면 수많은 일본군 병사가 만주 및 중국 본토, 남방 지역에서 정신적으로 병을 얻어 입원했다. 그리고 국가는 이를 부끄러운 일로 여기고 일어나지 않은 것으로 만들었다. 또한 이들의 트라우마는 전투보다 일본군 내부의 사적 폭력(린치, 괴롭힘)으로 발생한 경우가 많았다고 한다.

DV나 학대 피해의 문제점은 당시에 골절을 입거나 멍이 생기는 게 아니라, 오랜 시간에 걸쳐 다양한 증상과 괴로움에 시달리는 잔혹함에 있다.

입원한 그들은 심각한 전쟁신경증 증상(히스테리)에 시달렸는데, 조금 나아지면 이번에는 살아 있음을 책망했고 때로는 자살을 시도했다. 어디에도, 어느 쪽을 보아도 그들이 있을 곳은 없었다. 전쟁이 끝난 뒤 본인을 받아들여 주는 가족도 없어, 많은 사람들이 정신병원에 들어간 채로 인생을 마쳤다. 1980년에 미국이 PTSD를 인정할 수밖에 없었음을 생각하면, 제2차 세계대전 후의 상황은 너무나도 참혹했다. 그들은 장조증臟躁病이라는 새로운 병명을 적용받았고, 제국의 육군 병사로서는 정신 무장이 부족한 존재가 되었다. 무사히 가족에게 귀환한 사람들도 대부분 아내와 자식에게 거센 폭력을 휘둘렀다. NHK BS1의 스페셜 방송 「숨겨진 일본 병사의 트라우마: 육군병원 8002명의

'병상일지」의 인터뷰에는 고령의 여성이 군인이었던 남편에게 당한 폭력을 이야기하다가 몸서리치며 괴로워하는 장면이 등장한다.

충격적인 점은 패전과 동시에 국가가 치료 기록을 모두 폐기하라는 명령을 내렸다는 사실이다. 분별 있는 몇몇 정신과의사가 "미래에 반드시 귀중한 자료가 될 것"이라며 치료 기록을 땅속에 묻어 폐기를 면했다. 그리고 그중 한 사람은 "지금부터 50년 동안은 절대 치료 기록 내용을 공표해서는 안 된다"라는 말을 남겼다고 한다.

전후 일본은 전쟁 경험의 트라우마를 눈감았다

이 책에서 자극을 받아, 전쟁 뒤 술을 엄청나게 마시고 알코올중독이 된 남자들에게 전쟁이 어떤 영향을 미쳤는지 살펴볼 필요를 느꼈다.

1970년대 초에 내가 근무했던 정신과병원은 당시로서는 드물게 알코올의존증 치료에 열심이었다. 당시 알코올의존증으로 입원했던 환자(남성)들 중에는 만주에서 겪었던 경험을 시종일관 이야기하던 사람들이 있었다. 그들은 만주의 광활한 대지에 가라앉는 아름다운 석양을 이야기하면서, 한편으로는 추위와 공포 때문에 토해 가면서까지 술을 먹었다고 했다. 상관이 조악한 술(중국 주민들에게 빼앗은 소주 등)을 나눠 주면, 다들 그것을 필사적으로 마셨는데도 전혀 취하지 않았다고 한다.

보건소에서 만난 한 남성은 금주 모임 회원이라며, 원래는 술을 한 방울도 마시지 못했는데 "만주에서 토하면서 마시다 보니 술을 마실 수 있게 되었다. 돌아온 다음에도 무슨 일이 있을 때마다 마시고는 행패를 부리곤 했다"라고 말했다. 그는 금주 7년째에 위암을 얻어서 위를 절제했다. 많은 의존증 환자들의 말에 따르면 위를 절제(때로는 내장을 수술)한 뒤에는 소량의 술로도 어지럽게 취해서, 술을 마시지 못하는 몸이 된 것으로 착각한다고 한다. 그도 수술을 받고서 얼마 뒤, 딱 한잔만 할 작정으로 술을 마시기 시작했다가 심각한 상태(구역질과 기억상실)가 되어 결국 사고로 사망했다.

그들의 이야기를 다시 떠올려 보면, 역시 그 속에서 전쟁의 영향을 알아차려야 했던 게 아닌가 싶다. 당시의 일본은 파시즘을 부정하며 전쟁의 기억도 같이 망각했고, 새로운 경제대국이 되었음을 믿어 의심치 않았다. 그래서 알코올의존증 환자도, 그들의 이야기를 듣는 우리도 이야기 속에 존재하는 전쟁 트라우마의 흔적을 미처 보지 못했던 게 아닐까.

누군가 「8시다! 전원집합」8時だヨ! 全員集合[3]이라는 방송을 두고 처음으로 일본군을 패러디한 방송이 아니냐고 말했다. 이 시끌벅적한 개그는 분명히 일본 군대의 괴롭힘 상황을 웃음거리로

---

3   개그 그룹 '더 드리프터즈'가 주도했던 TBS의 공개 개그 프로그램으로, 일본의 1970년대를 대표하는 상징적인 방송이다.

삼았다. 고미카와 준페이의 『인간의 조건』처럼 그 문제를 정면으로 묘사한 작품도 있었지만, 처음부터 끝까지 웃어넘기는 데 이르기까지는 패전 후 20년 이상의 세월이 필요했는지도 모르겠다.

1950년대 일본금주동맹의 활동에서 전일본단주연맹으로 이어진 음주 문제의 흐름은, 전후 일본의 경제 발전과 기업전사화企業戰士化의 문맥에서 이야기되는 경우가 많다. 하지만 의존증=중독을 자기치료의 일종이라고 본다면, 전후 트라우마의 '자기치료'로서 알코올 섭취의 결과라는 측면도 주목해야 하지 않을까.

규슈의 시인 마루야마 유타카丸山豊는 시집 『달이 뜨는 길』月白の道(1970)에서, 전쟁에서 살아 돌아온 친구들 대부분이 전후 5년을 지나는 동안에 차례로 자살해 버렸다고 썼다. 트라우마의 영향 중 하나는 생존자의 죄책감이다. 일상의 평온함이 돌아오면서 많은 사람들이 심각한 우울증에 빠지는 경우는 DV 피해자 집단 상담을 실시하며 수없이 겪었다. 전후 5년을 지난 즈음부터 우울 증상의 자기치료로서 음주 등이 출연했다고 볼 수도 있겠다.

음주는 종종 폭력을 동반한다.

1980년대 말부터 어덜트 칠드런(AC) 상담을 할 때면 술 취한 아버지의 폭력 이야기가 많았다. 당시에는 가정폭력이라는 단어도 없었고 학대가 일반적으로 인식되지도 않을 때였다. 술주정이라는 단어, 나아가 AC라는 단어만이 가족 내 폭력을 언어화하는 데 용인되었다.

나는 1995년에 하라주쿠카운슬링센터를 설립하며 여성 AC 집단 상담을 열었다. 그 상담에서 여성들(1940~1960년대생)이 아버지에게 당했던 어마어마한 신체적 학대와 어머니에 대한 DV 목격담을 생생히 들었다. 알코올 문제가 있는 아버지도 많았다. 대나무로 때리고 어머니의 머리카락을 모조리 뽑아 버리는 그들의 폭력에서 새삼스레 전쟁의 영향을 인식했던 기억이 난다.

이들의 아버지는 전사하지 않고 전쟁신경증을 보이지도 않은 채로 돌아와, 전쟁이 끝난 뒤에 결혼해서 가족을 이루었다. 하지만 아내와 자식에게는 가혹한 폭력을 휘두르고, 술에 취하면 인격이 돌변했다.

전쟁 트라우마는 자기치료로서 음주를 동반한다. 술 취한 남성은 아내에게 DV를, 자녀에게는 학대나 성학대를 저지른다. 1970년대 후반 미국의 가족과 똑같지 않은가. 허먼 등이 여성들 및 아이들이 처했던 비참한 상황을 지원하면서 복잡성 PTSD라는 진단명으로 '피해'의 인정을 시도했던 것도 베트남 전쟁의 영향이었다.

2010년 이후의 AC 집단 상담에서 나온 이야기와 비교하면 질적으로 다른 상황이다.

전쟁신경증은 이중으로 부인당했다

고노다이육군병원장 스와 게이사부로는 "50년은 입을 닫는 게 좋다"(『전쟁과 트라우마』, 270쪽)라고 말했다. 일본군을 지배하고 있었던 군국주의는 전쟁 뒤 청산되지 않았던 걸까. 그럼에도 왜 감추지 않으면 안 되었을까.

전후 우익적 정신의학의 논리는 과거의 전쟁을 어리석은 짓이라고 부정하는 데에서 출발한다. 전쟁 협력자였던 정신과의사가 적발되는 일은 없었다. 그 의사들이 전후의 새로운 흐름에 편승해, 전쟁 중의 치료에 대해서는 침묵을 지켰기 때문이다. 여기서 다시 전쟁신경증의 존재는 기피되고 부인되었다. 베트남 전쟁 후의 미국과 차이가 있다면 이런 점이리라.

군국주의 정신에 입각한 취약함의 부정weakness-phobia 그리고 현재까지 이어지는 일본 정신의학의 주류 체제도 그에 영향을 끼쳤다. 예전에는 정신분열증이라고 불렀던 조현병 중심의 치료 체제이다. 지금도 지속되고 있는 이 체제는 정신과의료가 뇌 일부의 변화에서 원인을 구하는 자연과학이라는 사고에 기반을 둔다. 다른 과와 비교해 과학성·객관성이 결여되었다는 정신과 의사들의 콤플렉스를 이 사고가 뒷받침하고 있는지도 모른다. 그래서 쓸데없이 '전쟁 체험'을 원인으로 드는 귀환병들의 존재를 다루기가 어려워, 입원 진단명도 대부분 조현병으로 했던 것이리라.

일본에서 트라우마 치료는 어떻게 되고 있을까.

베트남 전쟁이 미국에서 트라우마 연구의 구동력이 되었듯, 일본에서는 1995년의 한신·아와지 대지진이 그 시작이었다. 허먼의 『트라우마』가 이례적인 판매고를 보였던 것이다. 허먼이 복잡성 PTSD를 DSM-Ⅲ에 넣어야 한다고 요구했다가 각하되었던 일은 앞서 몇 번이나 언급했다. 그 뒤 미국 정신의학계는 원인을 불문에 부치는 조작적 진단으로 내달려, 인과론적 스트레스설을 점차 멀리했다. 일본에서도 '트라우마'라는 단어가 일반화됨과 더불어, 특히 2010년 이후부터는 조작적·기능적·증거 중시 경향이 강해진다. 트라우마 치료는 일본의 정신과의료에서 변함없이 주류가 아니다.

괴롭힘과 DV, 학대 등 '피해'를 호소하는 사람들이 증가하면서, 피해의 유일한 증명인 PTSD 진단서가 각종 재판이나 분쟁에서 피해자 측의 유효한 증명으로 요구되기도 했다. 하지만 그러다 보니 지금에 와서는 PTSD 진단의 신빙성에 의심이 일어나, 사법 현장에도 그리 큰 영향을 주지 못하게 되었다.

25년 가까이 걸려 일반화된 트라우마라는 단어는 높은 범용성과 '피해' 인정이라는 중대한 역할 때문에 오히려 객관성과는 거리가 먼 단어가 되었다. 포퓰리즘의 파도에 휩쓸리고 있다고 할까. 일본의 정신과의사들 사이에서도 트라우마 치료는 변함없이 소수에 머물러 있음을 알아 두길 바란다.

삼중으로 부인당해 온 성학대

80년대부터 성학대 피해자는 피해를 입고도 세 번이나 부인당한다고들 했다. 가해자에게 '그런 짓은 안 했다'고 부인당하고, 어머니에게 이야기하면 '거짓말'이라며 부정당하거나 '네가 잘못했다'고 무시당하고, 전문가에게 상담하면 '망상'이나 '허언'으로 취급받았기 때문이다.

이러한 삼중 부인은 현재에도 그리 다르지 않다. 1980년대부터 상담을 하며 많은 성학대 피해자를 만났다. '어덜트 칠드런'이라는 단어를 동원해 아버지에게 받은 성학대를 이야기하는 여성들이 드물지 않았다. 하지만 당시 일본에서 그런 이야기를 그대로 믿어 주는 정신과의사는 지극히 드물었다. 임상심리사는 더 없었으리라고 본다. 당시는 정신분석적 심리요법이 휩쓸던 시기여서 프로이트가 말하는 '유혹설', 즉 딸이 아버지를 유혹한다는 이론을 믿는 전문가가 많았다.

성학대 가해자인 아버지가 '해서는 안 될' 행위를 저질렀음에도 피해자는 '존재하지 않는다'. 전쟁신경증과 똑같은 구조가 아닌가. 국가가 명령하여 중국 농민들을 죽이게 하는 전쟁의 비인간성에 의문을 제기하지도 않고, 평소와 다른 상태를 보여 병원으로 보내진 그들의 존재도 부인한다. 그들을 용인하면 일본군을 둘러싼 신화(황군 병사는 두려움이 없으며 죽음을 무릅쓰고 끝까지 싸우는 군인들이다)가 붕괴해 버린다.

성학대 피해자를 용인하면 가족 이데올로기(유대감·애정·특히 가장인 아버지의 옳음)는 붕괴한다.

이렇게 국가를 지탱하는 군대 이데올로기를 지키고 국가를 지탱하는 가족 이데올로기를 지키려면, 전쟁신경증도 성학대도 없는 것으로 해야 한다.

한 가지 더 파고들자면, 젠더 문제가 있다.

일본군은 '남자니까', '남자는 강해야 한다', '남자가 된다'라는 젠더관의 근원이다. 공포나 불안과 같은 감정에 휩쓸리지 않는 강인함과 죽음을 무릅쓰는 용기는 남자다움이라는 젠더의 근간을 이룬다.

성학대 피해자들이 종종 말하는 '더럽혀지고' '부정한' 자신이란, 여자다움이라는 젠더의 근간을 이루는 처녀성(순결함, 무구함)이 붕괴된 존재이다. 게다가 그런 짓을 한 사람이 아버지이므로 법의 테두리 밖에서 더럽혀졌다.

이렇게 전쟁신경증과 성학대 피해는 함께 국가·가족의 근간을 이루는 이데올로기를 보호해야 하기에 존재하지 않는 것이 된다. 그리고 양쪽 피해자들 모두 젠더 규범에서 벗어난 존재로서 자신을 부정하고 스스로 비난한다.

야마기와 주이치와 같은 학자는 영장류 연구를 통해 성학대를 설명한 바 있다. 그의 연구에서도 성학대를 전쟁신경증과 마찬가지로 구조적 폭력의 일환으로 파악했기에 심리학화·병리화로 가는 길에서 벗어날 수 있었던 게 아닐까. 이미 밝혔듯이 두 가지는 비슷한 형태를 띠며 뿌리에서 깊이 연결되어 있기 때문이다.

우에노 지즈코는 『살아남기 위한 사상』生き延びるための思想(2006)
에서 이렇게 썼다.

프라이버시 원칙이란 가장이라는 사적 권력의 지배권에 공적 권
력이 개입하지 않는다는 밀약의 산물이 아닌가.

즉 가장 사적이고 가장 드러나기 어려운 가족 안에서 일어나
는 일이 국가적 수준에서 일어나는 일과 연동하고 있다는 뜻이
다. 가족 폭력에 대해 좀처럼 정치적 대책을 강구하지 않는 이유
도 어쩌면 국가의 의사가 작용하고 있어서는 아닐까. 가족은 국
가에게도 타자에게도 침입당하지 않는 유토피아가 아니라, 가
장 명확히 국가의 의사에 따라 움직이는 세계이자, 무엇보다도
힘의 관계가 잠재해 있는 정치적 세계일지도 모른다.

피해자의 기묘한 언동도 저항이다

트라우마 치료에는 다양한 방법이 있다. 일본에서 실시되는 대
표적인 방법으로는 지속노출치료PE; Prolonged Exposure와 안구운
동 민감소실 및 재처리 요법EMDR; Eye Movement Desensitization and
Reprocessing이 있다. PE는 보험 진료 대상이지만, EMDR은 그
렇지 않다. 내가 운영하는 카운슬링센터에서도 적극적으로
EMDR을 실시하는데, 물론 만능은 아니다. 한때 폭발적인 인기

를 얻었지만, 상담자는 엄격한 훈련을 받아야 하고 그 뒤에도 기술과 이론을 계속 업데이트해야 한다. 또 최근에는 트라우마 기반 케어TIC; Trauma Informed Care[4] 등도 아동을 대상으로 하는 분야에서 널리 도입되고 있다.

여기서 인간은 어느 정도 상처를 받으면 자유롭지 못하게 되는가 하는 문제가 등장한다. 근성과 긍정적인 사고, 자기수련, 자기긍정감 제고 등 스스로 조작하는 정도로는 감당하기 어려운 피해(트라우마)가 있음이 조금씩 명확해졌다.

오히려 트라우마의 영향이 어느 정도인지, 트라우마에 대한 반응에는 어떤 것이 있는지를 알게 됨으로써 처음으로 상처에서 자유로워지기도 한다. 많은 사람들에게 발상의 전환이 되었을 것이다. DV 피해자 및 AC 여성을 대상으로 집단 상담을 실시해 보면 그 점을 통감하게 된다.

한편 최근 들어 특히 미국에서 연구 대상으로 삼는 주제는 회복탄력성이다. 피해에 대한 강인함·유연함이라고 할 수 있을까. 누구나 지니고 있는, 트라우마에 압도되지 않으려는 힘을 가리키는 단어이다. 외면할 수 없는 피해를 어떻게 하면 트라우마로 만들지 않을까, 어떻게 작용시키면 그 사람의 회복탄력성을 높일 수 있을까 하는 관점에서 많은 정신과의료 및 임상심리학 전

---

4 개인의 트라우마가 조직 내에서, 혹은 가족이나 친구, 심지어는 피해 지원자와의 관계에서도 쉽게 재경험될 수 있음을 인식하고, 이들이 함께 트라우마의 영향력을 이해하고 공유함으로써 공동체 차원에서 이겨 낼 역량을 기르는 방법론이다.

문가들이 몰두하고 있다.

똑같은 의미를 전달하면서, 회복탄력성이 아닌 저항이라는 단어를 사용하기도 한다. 상처라는 수동적인 어감에 훨씬 더 적극적으로 저항한다는 의미를 더했다.

트라우마를 '입는다'는 표현에서 나타나듯, 피해자에게는 책임이 없다. 사실, 이러한 면책성을 강조하기 위해서도 트라우마라는 말을 많이 사용한다.

성학대 피해를 입은 여성이 부모를 고소하는 경우, 무엇보다이 부분이 쟁점이 된다. '저항할 수 있었다'라는 인식이 어느 쪽에 유리한지 생각해 보면 명확하다. DV에서도 '도망칠 수 있었다'라는 인식이 피해자를 괴롭히곤 한다.

피해자의 면책성은 피해자의 무력함을 강조하는 쪽으로 이어지기 쉽다. 하지만 실은 피해자의 회복탄력성이 작동하기에 상태가 나빠지며 다양한 증상이 생겨난다고도 생각할 수 있다.

일부 전문가들은 그 지점을 더욱 적극적으로 저항이라고 부르고, 일방적으로 무력할 뿐이 아니라는 점을 강조했다.

자신이 경험한 폭력(피해)을 어떤 경험으로 받아들이고, 어떻게 그 기억과 함께 살아갈 것인가. 이는 정말로 힘겨운 일이다. 왜일까. 어떤 충격을 받았을 때 그 사람은 변화를 강요당하기 때문이다. 물리적 변화와 마찬가지로 '움푹 파이기'도 하고 '꺾이기'도 한다. 그러나 인간은 끊임없이 균형을 확보하고 존재를 지속시켜야만 살아갈 수 있다. 기둥은 꺾이면 그것으로 끝이지만,

인간은 털썩 쓰러진다고 끝나지 않는다.

충격에 대해서도 주디스 버틀러가 말하는 행위주체성agency이 작동할 것이다.

트라우마 증상이라고 불리는 증상, 즉 잊으려고 하거나(건망), 자신을 분리해서 마비시키거나(해리), 때로는 이상할 정도로 흥분해 잠시도 느긋하게 쉬지 않으려 하고(과각성), 끊임없이 긴장해서 다음 습격에 대비하는(과긴장) 증상들은 충격에 몸을 내주지 않으려다가 생겨난다. 때로는 반복적으로 되살아나는 기억(침입적 상기)의 플래시백을 피하기 위해 술을 마시거나 도박, 섹스에 탐닉한다.

이를 자신에게 덮친 충격에 대한 무력한 피해로 보지 않고 저항이라고 인식하는 데에는 어떤 의미가 있을까.

회복탄력성은 그것을 마치 능력으로 여기는 오해를 받는다. 능력이 아니라 힘이라고 인식해야 하지 않을까. 너무나 추상적인 표현이지만, 살아 있는 한 인간으로 대우받지 못하는 경험은 너무나도 많다. 젠더라는 관점에서 본다면, 여성을 성적 존재로만 여기거나 성적 대상으로 다루며 금전을 지불하는 행동을 과연 인간으로 대우하는 것이라고 할 수 있을까.

이처럼 '인간으로 대우받지 못하는' 사태를 상정하면 '인간으로서'라는 표현에도 의미가 생겨난다. 저항이란, 충격을 받았을 때 어떻게 인식하고 대처해서, 강요된 변화에 맞서 어제와 같은 일상을 살아나갈지, 다른 사람과 똑같은 인간으로 살아나갈지를 드러내는 것이다.

저항으로 생겨나는 많은 증상을 질병화하지 않고 인식해야 한다. 기묘하게 보이는 행동, 예컨대 DV 피해자 여성들의 논리 정연함이나 명쾌함도, 이 여성들이 남편에게 겪은 폭언과 폭력에 저항하며 살기 위해 몸에 부착한 여러 저항 중 하나이다. 또한 성학대를 받은 여성들이 보이는 이상한 언동도 멍청하거나 '순수해서'가 아니라, 자신이 경험한 충격에 굴하지 않고 피해 재발을 막으려는 저항에서 생겨난 것이다.

이처럼 '저항'이라는 말과 함께 피해를 인식하면 다양한 언행이 각기 다른 면모를 드러낸다. 상식적인 판단을 뒤집을 인식 방법을 요구받는 것은 전문가로서 행복한 일이다.

그 사람의 숨겨진 피해를 알면 저항의 궤적을 알게 되고, 지금 눈앞에서 문제 행동이라고 이야기되는 것도 이해하게 된다.

이제 저항, 지배와 피지배, 경계, 동맹 등 다양한 정치적 언어를 사용하지 않고 가족을 이해하기란 힘들지 않을까.

저항의 반대는 억압 위양

전후 75년을 지나는 동안, 구일본군에 대해 다양한 연구 및 보도가 이어졌다. 미국을 비롯한 연합군과의 전투에서 막대한 전사자가 나왔다는 오해도 명확히 밝혀졌다. 남방의 전사자 대부분은 적과 싸우기보다 굶주림과 더위 속에서 죽어 갔다. 앞서 언급한 NHK BS1 스페셜 방송 「숨겨진 일본 병사의 트라우마」에서도 전쟁 트라우마로 정신병을 얻은 병사들 대부분이 상관의 가혹한 사적 형벌, 괴롭힘, 폭행으로 무너졌다는 증언이 나왔다.

전사戰死라는 단어를 사용했지만, 사실은 일본군 내부의 지배 구조가 만들어 낸 사망자라고 해야 할지도 모르겠다.

정치학자 마루야마 마사오는 '억압 위양'이라는 단어를 썼다. 나는 이만큼 단적으로 일본의 가족에 잘 들어맞는 단어는 없다고 생각한다. 그의 말처럼 사회를 구석구석까지 파고들어 있는 이 구조는 혐오 발언이 범람하는 인터넷 우익들의 논리, 더 나아가서는 학교 내의 괴롭힘과도 연결된다.

저항은 강자의 권력에 대한 약자의 반격·반항을 의미하지만, 억압 위양은 그렇지 않다. 강자에게 당했던 권력을 그대로 자신보다 약한 사람에게 똑같이 행사하는 것이다. 그야말로 저항의 대척점이 아닌가.

남편에게 폭력을 당하던 아내가 자신의 딸이나 아들에게 '너 때문에 참는다'라는 대의명분을 최대한 이용해서 인생을 지배하는 것도 억압 위양에 해당된다. 마루야마 마사오가 '일본적인 것'으로 묘사했던 억압 위양은 21세기가 된 지금도 사회나 학교에서 일어나고 있다. 표면적으로는 비폭력화가 진행되었기에 더욱 교묘하고 교활하게 지속되고 있다.

5장 마음의 요새를 재구축한다

긍정성의 시대가 도래하고 '긍정'을 긍정하는 분위기가 휩쓸다

다양한 학술 용어와 전문 용어는 그 용어를 사용하는 것이 해당 영역에서 연구를 하고 있다는 증명이 된다. 또한 사용하는 사람이 어느 영역에 소속되어 있는지 나타내기도 한다. 그 결과, 넓게 인문과학으로 묶인 학문 영역에서는 서로 경합하지 않으려는 경향이 생겼고, 다른 영역의 언어를 사용하지 않는 것이 상식이었다. 이를 교란하는 행동은 일종의 영역 침해가 된다. 하지만 사회의 변화에 따라 새로운 연구 영역이 성립하면, 기존의 전문 용어도 당연히 변화하고 다른 영역의 소유라고 여겼던 언어도 교차하며 공유된다.

임상심리학이라는 비교적 새로운 학문 영역에는 전후 일본에서 널리 받아들였던 정신분석 용어가 깊이 침투해 있다. 프로이트 학설의 무의식이나 라캉 학파의 '대문자 타자', 융의 집합적

무의식 등은 사회과학에서도 널리 사용된다. 특히 프로이트의 학설은 역동적이라고 불리는 바와 같이, 원래는 전투와 관련하여 사용하던 '방위'를 심리적 기제로 응용하고, 정치적 개념이기도 한 '억압'을 의식·무의식의 다이너미즘dynamism을 나타내는 말로 사용했다.

1980년대에 일본에도 확산되어 많은 임상 전문가 및 일반인도 받아들였던 가족요법은 더 명확하게 정치적 개념을 치료에 활용해서 가족을 이해하는 데 사용했다. 예컨대 '세대 간 경계'를 마치 국경처럼 설정하고 이를 넘어서면 '침범'이라고 불렀다. 부모 중 한 사람과 자녀 한 사람이 부부관계보다 더 친밀한 관계를 형성하면 '동맹'이라고도 했다.

프로이트가 내적 세계를 역동적인 개념으로 파악하려 했듯이, 가족요법(그중에서도 시스템론적 가족요법)은 현실 가족의 관계를 정치적 언어로 파악하려고 했다. 이는 단순한 차용이라기보다 가족관계 자체에 정치적인 성격이 있음을 드러낸다.

상담에 종사하면서 기존의 심리학적 용어와 정신분석적 용어로는 내담자가 안고 있는 문제를 해결하는 데 충분하지 않다는 고민을 오랫동안 해왔다. 의외라고 생각될지 모르지만, 우리 카운슬링센터가 대상으로 하는 주된 증상과 문제는 단순한 '마음의 병'이 아니기 때문이다.

지금 세상에서 마구 유통되고 있는 '자기긍정감' 같은 단어는 내가 가장 혐오하고 기피하는 말이다. 모조리 거두어들여 상자

안에 집어넣어 버리면 세상이 더 깔끔해지지 않을까 싶다.

자기긍정감은 원래 임상심리학자 다카가키 주이치로가 1985년에 자녀의 성장에 대한 긍정적 평가를 중시하는 용어로 제안했던 말이다. 그런데 언제부터인지 '자신을 스스로 사랑해야만 한다', '자신을 긍정하자', '자신을 사랑하지 못하면 다른 사람을 사랑하지 못한다'는 맥락에서 자기긍정감을 '지니라'느니 '높이라'느니 하며 마치 자기긍정감이라는 것이 제어 가능한 척도인 것처럼 변해 버렸다.

평론가 가토 노리히로에 따르면 무라카미 하루키 등장의 가장 근원적 의미는 '부정성의 시대'에서 '긍정성의 시대'로 가는 변화를 선취했다는 점에 있다고 한다(『무라카미 하루키는 어렵다』). 전후 지식인들 및 작가들은 자기부정을 뚫고 빠져나감으로써 성장하는 부정성否定性에 가치를 두었다. 나도 그 세대에 속하는데, 어둠이나 부정성이야말로 변증법적으로 보면 긍정성에 이르는 가장 확실한 길이었다. 밝음은 아둔함의 증거였고, 긍정은 표층적이고 사색하지 않는 태도의 표현이었다.

무라카미 하루키의 세계에 위화감을 느낀 이유는, 역시 내가 부정성에 가치를 두는 세대로 자랐고 그 속에서 자아를 형성했기 때문일지도 모른다.

거품경제기(1980년대 말)에 '네쿠라'ネクラ, '네아카'ネアカ[1]라는

---

1   네쿠라(根暗)는 뿌리부터 어두운 것이나 그러한 사람을 뜻하며, 반대로 네아카(根明)

단어가 등장한 적이 있다. 많은 젊은이들이 '네쿠라' 성향을 부정적으로 여기고 일종의 낙인으로 인식하게 되었다. 자기긍정감이라는 말도 때마침 다가온 긍정성의 시대와 함께 확산되었던 것 같다.

하지만 나는 '자기긍정감'을 상담에서 활용하지 않는다. 부정성으로 회귀하기를 원해서가 아니라, 신자유주의적 자아 자체를 나타낸다고 생각하기 때문이다. 온갖 실패와 좌절, 친구관계에서 일어나는 충돌의 이유·배경 등을 고민할 때, 신자유주의의 회로는 마치 부메랑처럼 결국 자신에게 되돌아오도록 짜여 있다. 자기긍정감이라는 말은 바로 이를 상징한다.

모든 길은 로마로 통한다는 말처럼 모든 실패와 고통은 결국 '자기 탓'이다. 자기긍정을 하지 못하는 내 탓인 것이다. 이렇듯 막다른 곳에 들어선 느낌이 '자기책임론'의 근본 토대를 이룬다.

이유 모를 슬로건

그렇다면 어떤 언어를 사용하면 좋을까.

언어 사용의 밑바탕에는 어떠한 세계관(이라는 말은 과장일지도 모르겠지만)을 지니고 있는가 하는 문제가 있다. 상담으로 말하자면 어떠한 가족관을 갖고 있는가와 연결된다.

나는 이 부분이 현재의 임상심리학에 결정적으로 부족하다

는 천성적으로 밝은 것이나 그러한 사람을 뜻한다.

고 생각한다. 즉 여전히 보편적 인간성이 존재한다고 보고 연역적으로 귀결되는 인간관과 '마음'을 토대로 하고 있다는 점이다. 일본에서도 1980년대에 포스트모더니즘 사상을 받아들여 보편적 인간관 등에 의문을 제기해 왔음에도, 임상심리학은 변함없이 20세기 초의 프로이트이며 로저스가 주장했던 전후민주주의적 주체를 전제로 삼고 있다.

1970년대 초 정신과병원에서 시작된 내 임상 경험은 비주류 분야였던 알코올의존증과 주로 관련되어 있었다. 비주류였던 이유는 마음속 세계보다 현실의 행위와 사건을 다룬다는 점, 전문가가 문제를 해결하기에는 무력하다는 점, 당시에는 폭력이라고도 부르지 않았지만 아내와 아이에게 상해를 입힐 정도의 주사를 대상으로 삼는다는 점 때문이었다. 중독(의존증)은 행위의 문제이지, 마음의 문제가 아니었다.

지금까지도 대부분의 임상심리학은 폭력 자체를 대상으로 삼으려 하지 않는다. 폭력의 결과로 발생하는 심리적 문제(그것도 아이들)를 이제 겨우 다루기 시작했을 뿐이다. 지금 일어나고 있는 폭력, 그에서 파생되는 가해·피해 관계와는 신중하게 거리를 두고 있다. 결과를 케어하는 것만이 임상심리학의 역할인가 하는 의문도 들지만, 아마도 거기에는 '가해·피해'가 범죄의 문제이자 사법 영역이라는 영역 구분 의식도 작동하고 있으리라. 마음의 문제로 환원하지 못하면 임상심리학의 대상이 되지 못하는 것이다.

하지만 가해·피해의 문제가 과연 사법의 문제일 뿐일까. 종군 위안부 문제를 예로 들어 보자. 가해자란 누구이고 피해자란 누구인가에 의문을 제기하면서, 이를 둘러싸고 한·일 간에 오랫동안 정치적 대립이 이어지고 있다. 가해·피해를 지정하는 것 자체가 정치적 역학 관계에 따라 결정된다는 점에서, 폭력의 문제는 그대로 정치학의 문제가 된다.

최근에는 학대와 DV, 거기다 성폭력 문제까지 간단히 가해·피해로 구분해 논하는 경향이 있다. 이는 과연 어떤 방식으로 드러나는가. 매년 11월 일본에서 펼쳐지는 DV 방지 캠페인의 슬로건 중 '가해자도 피해자도 되지 않도록'이라는 문구가 있었다.

폭력을 휘두르지 말자는 데에는 의미가 있겠지만, 휘둘리지 말라고 호소할 필요가 있을까. 가해가 없으면 피해는 없는 법인데, 마치 피해자가 되어서는 안 된다고 말하는 듯한 캠페인을 보며 나는 큰 저항감을 느끼고 말았다. 폭력(그중에서도 가족의 폭력)이 폭력으로 정의되기 전에는 훈육이나 애정, 어쩌면 당연해서 이름 붙일 필요도 없는 행위로 취급되었다. 숨 쉬듯이 아내를 때리는 남편이 있어도, 손을 드는 이유는 아내가 건방지기 때문이라고들 여겼다.

이것을 폭력이라고 정의 내린 것은 내게 일종의 혁명과도 같았다. 가족 안의 권력을 둘러싼 비대칭성을 인식하지 못하면 절대로 폭력이라고 부르지 않는다. 부모가 아이에게 갖는 권력, 남편이 아내에게 갖는 권력을 인식하고, 폭력은 일어나서는 안 되는 일이며 '정의'는 피해자에게 있다는 점을 일본의 가족사에서 처음으로 국가가 승인해 준 것이다.

피해를 인지하는 것은 복종이 아니라 저항이다

그 뒤 DV를 둘러싼 정책 전개는 지지부진하다. 정의를 정면에 내걸면서 일종의 도식화도 생겨났다. 피해자를 순진하고 약하며 책임이 없는 존재로 강조하면 피해의 비참함과 잔혹함이 부각되면서 가해자가 악이라는 도식이 성립한다.

페미니즘은 DV를 가부장적 권력이라는 구조 자체에 근거한 폭력으로 문제화해 냈다. 그 사실을 잊으면 DV는 어디까지나 정의의 문제로만 바꿔치기 될 위험성이 있다. 게다가 피해자는 순진무구하지도 않고 무력하지도 않다. DV 피해자는 자기주장을 하고 방관자를 꾸짖기도 한다. 자포자기해 몸을 내맡기는 여성과 비교하면 훨씬 의지가 명확한 여성들이다.

따라서 DV로 이름 붙이는 일, 피해자로 자신을 인식하는 일은 남편의 폭력에 대한 복종을 의미하는 게 아니라, 그러한 상황에 대한 저항이다. 현실에서 남편에게 맞는 여성들은 다섯 명 중 한 명, 어쩌면 세 명 중 한 명이라는 높은 비율로 존재할 것이다. 하지만 이를 DV로 명명하며 피해를 입었다고 인식하는 여성은 불과 한 줌밖에 되지 않는다. 이토 시오리[2]가 자신의 저서 『블랙

---

2 일본에서 성폭행 피해자로서는 처음으로 얼굴을 드러내며 공론화한 여성이다. 언론

박스』에 쓴 피해 고백은 그 자체가 성폭력에 대한 저항이 아니 겠는가.

저항과 피해자 권력

이 장의 제목에 있는 '마음의 요새'란 저항을 위해 발 디딜 곳을 의미한다. 자신의 경험을 DV나 학대 피해로 인지하는 것도 저 항이다. 모든 것이 거기서 시작된다고 할 수 있다. 피해로서 인 지하고, 자신을 피해자라고 스스로 정의한다. 패배감과 굴욕감, 무력감마저 동반하는 자기규정self-definition의 어려움을 생각하면 저항이라는 표현이 무엇보다 딱 들어맞는다.

상식과 다수파에 지배당하는 가족·부부관과 DV가 전제로 하 는 권력 구조로서의 가부장적 부부관은 크게 다르다. 다수인 전 자는 "보통 부모자식은", "보통 부부는"이라고 말하며 미디어를 통해 일상생활을 장악한다. 그에 비하면 후자는 어찌해도 소수 일 뿐이다. 그렇기에 상대방에게 이해받거나 공감받기도 어렵 다. 숫자로 보아도 애초에 승산이 없다.

그렇기에 다수에 휩쓸려 압도되지 않기 위해서는 요새가 필 요하다. 적의 공격에서 몸을 지키고 저항하기 위해 봉건 영주들

인 지망생이었던 2015년 야마구치 노리유키라는 TBS 기자에게 성폭행을 당한 뒤, 사 과 요청도 거절당하고 검찰에서도 혐의불충분으로 불기소 처분을 내렸다. 이에 민사 소송에 나서며 사회적인 반향을 일으켰고, 일본 사회에서 미투 운동이 퍼져 나가는 데에도 커다란 영향을 끼쳤다.

이 난공불락의 산성을 쌓았던 것처럼.

DV 및 학대 피해자들에게 '정의'란 어떤 의미일까. '가족을 둘러싼 인연과 애정'이라는 다수의 논리에 저항하기 위해 이 말은 존재한다. 무모해 보이는 저항이 발 딛을 요새를 뿌리부터 지탱하기 위해 '정의'는 필요하다.

자신을 피해자라고 말해도 될까, 이걸 DV라고 불러도 될까 하는 주저와 망설임은 '우리가 틀린 게 아니겠지?' 하는 자문자답을 일으킬 수밖에 없다. 그 질문에 '괜찮아', '틀리지 않았어' 하고 안심하게 해주는 근거로서 정의가 존재한다. 피해자임을 스스로 정의한 저항에서 생겨나는 유대감이 있다. DV 피해자들이 '나만 그런 게 아니구나', '똑같은 경험을 한 사람이 이렇게 있구나' 하고 서로 확인하기 위해 정의라는 말이 존재한다.

하지만 때로는 이것이 폭주한다. 지금까지 나는 줄곧 피해자 권력을 경계해 왔다. 앞서 말한 바와 같이, DV는 정의의 문제이고, 허용될 수 없는 불의를 규명하는 것이 피해자 지원이라는 도식화가 때때로 생겨나곤 한다.

DV 가해자는 악, 피해자는 선이라는 선악론에 근거하여 DV가 바꿔치기 될 위험성을 무엇보다 피해야 한다. 역사가 증명하듯이 공산주의나 사회주의 사회가 무조건 옳을 이유는 없었다. 혁명 후의 정권이 '옳음', '정의'를 뒷배로 삼으면 어떻게 권력화되어 가는지는 이미 잘 알려져 있다.

DV에서도 마찬가지이다. 피해자는 옳고 피해자가 말하는 바는 다 옳다고 여기지 않고, 어디까지나 저항을 구동하기 위한 근거로 한정할 필요가 있다. 저항의 대상인 가해자와 헤어지거나 가해자가 자신의 폭력을 인정하고 사죄와 보상을 하여 변화한 경우에는 저항할 필요가 없어진다. DV라는 긴 프로세스 중에 권력관계가 해소되면 저항도 필요치 않게 된다. 독재 정권이 붕괴하거나 망명하면 저항할 필요가 없어지는 것과 마찬가지이다.

그렇다면 DV 피해에서 회복된다는 것은 피해자라는 자기규정에서 벗어남을 의미한다. 시작부터 그에서 벗어나기까지 거치는 오랜 프로세스 중의 한 시기에 저항을 위해 필요한 것이 정의이다. 정의에 의지함으로써 맛보는 '옳음'이라는 힘에 피해자는 때때로 현혹된다. 이 위험성을 충분히 자각하기 위해서라도 요새라는 비유는 도움이 된다. 옛 성터를 취재한 TV 방송을 보면 빈터에 남아 있는 것이라곤 초석뿐이다. 드문드문 남은 돌들이 보여 주듯, 요새는 언젠가 필요치 않게 될 것이다.

후기 지식은 연결을 낳는다

상담에서 가장 중요한 점은 공감이라고 배울 것이다. 다행히 나는 그런 훈련을 받지 않았기에, 오랜 상담 생활을 하며 항상 느낌보다 생각을 우선해 왔다. 불가해한 현실과 설명하기 어려운 사태를 앞에 두고서 항상 '이 일은 왜 일어났을까', '어떻게 표현하면 좋을까' 하고 생각하는 일을 중심에 두었다.

이제까지의 설명 언어나 개념으로는 어찌해도 해소되지 않는 현실은 내게 패러다임의 전환을 요구했다. 이 패러다임의 전환이야말로 내게는 가장 큰 기쁨이었고, 때로는 쾌감까지도 가져다주었다. 일정한 언어나 사고방식의 한계에 직면했기 때문에 그런 전환이 일어났을 것이다. 가족과 관련된 언어나 사고방식만큼 1980년대부터 한계를 지적당하면서도 끈질기게 살아남은 것도 없다. 효도의 가치 등을 재평가하며 이를 마치 '보편적'인 양 가르쳐 왔지만, 과연 그럴까. 에도 시대 연구가 진행되면서 현재 일본의 가족관은 사실상 메이지 시대에 형성되었음이 명확히 밝혀졌다. 이 역시 패러다임 전환의 하나이다.

때때로 나는 상담가면서 지나치게 이론을 내세운다는 평을 듣는다. 하지만 가족 안에서 지금 일어나고 있는 구체적이고 개별적이며 미세한 사건들이 역사적이고 구조적인 배경 속에 있음을 알지 못하면, 우리는 타자와도 연결되지 못할 것이다. 누구에게도 말하지 못한 경험이 '피해'로 정의되지 않으면, 비슷한 경험을 한 타자가 존재한다는 사실조차 깨닫지 못한다. 지식은 연결을 낳는다. 이 책으로 그런 연결이 생겨나기를 기대한다.

이 책의 제목은 DV와 학대에 관여해 온 내게 가장 큰 패러다임의 전환을 가져다준 문장이다. DV에서 젠더 시점을 빼고 부모의 학대 피해에 따른 연쇄 작용처럼 취급하거나, 자식이 부모에게 행사하는 폭력을 병리 현상으로 취급하는 경향에 늘 깊은 저항감을 느꼈다. 개인화 및 병리화에 의미가 없다고는 말하지 않겠지만, DV나 학대에 대해 나름대로 난관을 돌파할 수 있었던 까닭은 국가의 폭력과 가족의 폭력이 구조적으로 유사한 형태임을 알았기 때문이다.

가해·피해라는 양극화된 언어의 앞날을 내다보아야 한다. 생존이라는 말은 이미 많은 사람들이 공유하고 있지만, 저항이라는 말도 그와 병행해서 미래를 바라보기 위해 필요하게 될 것이다.

여성학의 성과를 흡수하고 사회학의 논리를 구사하면서, 처음으로 가족 폭력의 구조가 보이는 느낌이 들었다. '이런 일을 겪은 사람은 나뿐이겠지' 하는 지극히 사적인 경험이 국가 폭력(전쟁이나 정치)과 뿌리에서 연결되어 있다면…. 그렇게 두근거리는 느낌이 이 책을 집필하게 만든 구동력이었다.

팬데믹으로 뒤덮인 시간 동안, 지구가 좁다고 느낀 사람은 나만이 아닐 것이다. 문화 및 경제적 배경, 언어의 차이를 넘어 온 세계가 똑같이 코로나 바이러스의 확산을 두려워하고 있다. 그런 모습을 보면 내가 사는 나라와 다른 나라들이 모두 이어져 있다는 느낌이 든다. 그와 동시에 백신 개발의 격차, 감염이 느는 나라와 억제되고 있는 나라의 차이 및 경쟁이 생겨나고, 국경을 둘러싼 편협함도 드러났다. 대체 우리가 무엇에 직면하고 있는지, 여기에서 무엇을 배울지는 아직도 미지수이다.

보편적 지식이나 완전한 지식은 존재하지 않는다고 말하게 된 지 오래지만, 그럼에도 우리는 끊임없이 그것을 추구해 왔다. 유한한 생을 살 수밖에 없고 그런 생이 얼마 남지 않았다고 할지라도, 모르는 채로 지배당하며 안온하게만 살아가고 싶지는 않다. 이를 현재의 코로나 재난에 대입해 본다면 대부분 공감하지 않을까. 조작된 정보만 접하거나 그마저도 차단당해 무지한 상태에 놓인 끝에 그저 감기로만 인식하며 안온하게 살아가기는 누구도 원하지 않을 것이다. 지극히 개인적으로 보이는 사건에서 국가나 정치의 의도를 해독해 낼 필요가 있음을 지금만큼 실감하는 때도 없다.

이런 시기에 운 좋게도 이 책을 펴낼 기회를 얻었다.

이 책은 최근 10년 사이에 써서 모아 놓았던 원고를 바탕으로 새롭게 썼다. 가도카와 신쇼角川新書 편집장 기시야마 유키히로岸山征寬 씨는 오랫동안 정기적으로 집필 동기를 자극해 주었다. 그의 열의가 없었더라면 계속 써 나가지 못했으리라.

또한 이때까지 상담에서 만났던 많은 사람들의 말이 내 패러다임의 전환을 촉진해 주었다. 진심으로 감사의 뜻을 전한다.

고맙습니다.

2020년 12월 추위가 뼛속까지 스미는 밤에

노부타 사요코

참고문헌

서적

網野善彦, 宮田登, 『歴史の中で語られてこなかったこと ──おんな·子供·老人からの「日本史」』, 朝日文庫, 2020.

アラン·ジェンキンス, 信田さよ子, 高野嘉之 訳, 『加害者臨床の可能性 ──DV·虐待·性暴力被害者に責任をとるために』, 日本評論社, 2014.

伊藤詩織, 『Black Box(ブラックボックス)』, 文藝春秋社, 2017[이토 시오리, 『블랙박스』, 김수현 옮김, 미메시스, 2018].

伊藤公雄, 『男性学入門』, 作品社, 1996.

上野千鶴子, 『生き延びるための思想』, 岩波書店, 2006.

上野千鶴子, 信田さよ子, 『結婚帝国·女の岐れ道』, 講談社, 2004.

エレン·ペンス, マイケル·ペイマー 編著, 波田あい子 監訳, 堀田碧, 寺澤恵美子 訳, 『暴力男性の教育プログラム ──ドゥルース·モデル』, 誠信書房, 2004.

岡野憲一郎, 「災害とPTSD ──津波ごっこは癒しになるか?」, 『現代思想九月臨時増刊号 imago』, 青土社, 2011.

小川真理子, 『ドメスティック·バイオレンスと民間シェルター ──被害当事者支援の構築と展開』, 世織書房, 2015.

小此木啓吾, 北山修 編, 『阿闍世コンプレックス』, 創元社, 2001.

梯久美子, 『狂うひと ──「死の棘」の妻·島尾ミホ』, 新潮社, 2016.

家族機能研究所 編, 『アディクションと家族』, 第一一巻三号, 日本嗜癖行動学会誌.

加藤典洋, 『村上春樹は, むずかしい』, 岩波新書, 2015[가토 노리히로, 『무라카미 하루키

는 어렵다』, 김난주 옮김, 책담, 2017].

岸田秀, 『ものぐさ精神分析』, 青土社, 1977[기시다 슈, 『게으름뱅이 학자, 정신분석을
　　말하다』1~2, 권정애 옮김, 펄북스, 2017].

草柳和之, 『ドメスティック・バイオレンス —— 男性加害者の暴力克服の試み』, 岩波ブッ
　　クレット, 1999.

熊谷晋一郎, 國分功一郎, 「来るべき当事者研究」, 『みんなの当事者研究(臨床心理学増
　　刊 第9号)』, 金剛出版, 2017.

_____, 『「責任」の生成 —— 中動態と当事者研究』, 新曜社, 2020.

五味川純平, 『人間の條件』上中下, 岩波現代文庫, 2005[고미카와 준페이, 『인간의 조
　　건』1~6, 김대환 옮김, 잇북, 2013].

斎藤学, 『嗜癖行動と家族 —— 過食症・アルコール依存症からの回復』, 有斐閣, 1984.

サルバドール・ミニューチン, ウェイユン・リー, ジョージ・M・サイモン, 亀口憲治 訳,
　　『ミニューチンの家族療法セミナー —— 心理療法家の成長とそのスーパーヴィジョ
　　ン』金剛出版, 2000[살바도르 미누친 외, 『미누친의 가족치료 마스터하기』, 이인수
　　옮김, 학지사, 2022].

ジュディス・L・ハーマン, 中井久夫 訳, 『心的外傷と回復』増補版, みすず書房, 1999[주
　　디스 루이스 허먼, 『트라우마』, 최현정 옮김, 사람의집, 2022].

ジュディス・バトラー, 竹村和子 訳, 『ジェンダー・トラブル —— フェミニズムとアイデン
　　ティティの攪乱』, 靑土社, 1999[주디스 버틀러, 『젠더 트러블』, 조현준 옮김, 문학동
　　네, 2008].

中村江里, 『戦争とトラウマ』, 吉川弘文館, 2018.

中村正, 『「男らしさ」からの自由』, かもがわ出版, 1996.

中山康雄, 『共同性の現代哲学 —— 心から社会へ』, 勁草書房, 2004.

西見奈子 編著, 北村婦美, 鈴木菜実子, 松本卓也 著, 『精神分析にとって女とは何か』, 福
　　村出版, 2020.

野口裕二, 『ナラティヴの臨床社会学』, 勁草書房, 2005.

フィリップ・アリエス 著, 杉山光信 訳, 『「子供」の誕生 —— アンシァン・レジーム期の子供
　　と家族生活』, みすず書房, 1980[필리프 아리에스, 『아동의 탄생』, 문지영 옮김, 새
　　물결, 2003].

堀智久, 『障害学のアイデンティティ —— 日本における障害者運動の歴史から』, 生活書
　　院, 2014.

丸山眞男, 「超国家主義の論理と心理」, 『現代政治の思想と行動』新装版, 未来社,
　　2006[마루야마 마사오, 『현대정치의 사상과 행동』, 김석근 옮김, 한길사, 1997].

丸山豊, 『月白の道』, 創言社, 1970.

宮地尚子, 『環状島 —— トラウマの地政学』, みすず書房, 2007.

山下悦子, 『マザコン文学論 —— 呪縛としての「母」』, 新曜社, 1991.

與那覇潤, 『帝国の残影 —— 兵士・小津安二郎の昭和史』, NTT出版, 2011.

渡辺恒夫, 『脱男性の時代 —— アンドロジナスをめざす文明学』, 勁草書房, 1986.

Grotberg, E. H. (1999), *Tapping Your Inner Strength: How to Find the Resilience to Deal with Anything*, Oakland, CA: New Harbinger Publications, Inc.

Masten, A. S., Best, K. M. and Garmezy, N. (1990), "Resilience and development: Contributions from the study of children who overcome adversity", *Development and Psychopathology*, 2(4).

Rutter, M. (1985), "Resilience in the Face of Adversity: Protective Factors and Resistance to Psychiatric-Disorder", *British Journal of Psychiatry*, 147.

영화·다큐멘터리

Bergman, Ingmar, "Saraband"[「사라방드」], 2003.

Dardenne, Jean-Pierre, Dardenne, Luc, "Le fils"[「아들」], 2002.

_____, "L'enfant"[「더 차일드」], 2005.

Dolan, Xavier, "J'ai tué ma mère"[「아이 킬드 마이 마더」], 2009.

_____, "Mommy"[「마미」], 2014.

Haneke, Michael, "La pianiste"[「피아니스트」], 2001.

Netzer, Călin Peter, "Child's Pose"[「아들의 자리」], 2013.

NHK BS1 スペシャル, 「隠された日本兵のトラウマ —— ~陸軍病院8002人の'病床日誌'~」[「숨겨진 일본 병사의 트라우마」], 2018.